JN044121

作ってあげたい

# おいしいおやつ

井上真里恵

ⓘ 池田書店

はじめに

　小さいころから、おやつの時間が大好きでした。母が
ドーナツやパンを作ってくれた日は、おうちの中が甘い香
りでいっぱいになって、できたてを笑顔でほおばりなが
らその日のできごとを話したものです。そのうち一緒にキッ
チンに立つようになり、作ることの楽しさや食べること
の大切さを教えてもらった気がします。自分が母になっ
た今、同じように娘もおやつの時間を楽しみにし、いろ
んな話をしながらお手伝いをしてくれるようになりました。
忙しいまいにちの中で、おやつを作って食べるひととき
は癒やしであり、子どもとしっかり向き合うための大切な
時間です。

　手作りのよさには、"選べる"というポイントもあります。
自分が心地よいと思える材料を選んで、家族のからだに
やさしいおやつが作れるのです。また、卵、牛乳、小麦粉
のアレルギーがある方も安心して楽しめるように、それ
らを含まないレシピもいくつか掲載しました。かわいい
形にしてみたり、季節のフルーツを入れてみたり、好みに
合わせてアレンジも自在です。

　日常で作れるかんたんなおやつから、軽食になるよう
な塩味のおやつ、少し手のこんだ華やかなおやつまで。
この本では、まいにちのいろんなシーンで活躍するレシ
ピをたくさん紹介しています。「今日はどんなおやつにし
ようかな」と、その日の気分に合わせて気軽に手作りを
楽しんでいただけたらうれしいです。

# Contents

| Part |
| :-: |
| **1** |

## さくさくおやつ

## Part 2

# ふわふわおやつ

## Part | 5 |

# とくべつおやつ

# 作ってあげたい6つのポイント

学校帰りや休日の昼さがり、こばらをすかせたお子さんに食べさせたいのは、どんなおやつでしょう。
市販のお菓子も手軽でいいですが、「もっとこだわりたい」と思う方も多いはず。
そんな気持ちに寄り添う、本書のレシピのポイントを6つご紹介します。

### Point 01　からだにやさしい

まいにち口にするものなら、おいしいのはもちろん、安心できるものであってほ
しいですよね。手作りのおやつは材料から選べるから、気になる添加物やアレ
ルギーのある食品を避けて、好きなものを楽しめます。さつまいもやじゃがい
も、にんじんなどの野菜やフルーツを使ったおやつは、ヘルシーで栄養満点な
のもうれしいポイント。野菜が苦手なお子さんも、甘いおやつならよろこんで
食べてくれるかもしれません。作り慣れたら塩分や砂糖の量を調節して、より
からだにやさしくアレンジしてみてください。

## Point 02　少ない材料で作れる

いざ、おやつを手作りしようとレシピ本を開いても、見慣れない食材や調味料が書いてあるとやる気は半減……。また今度にしようと、諦めてしまった経験はありませんか？　この本には、2〜3つの材料で作れるシンプルなレシピをたくさん掲載しています。また、思い立ったときに気軽に試せるように、家庭に常備されているものや一般的なスーパーで手に入るもので構成しました。材料を1つ追加するだけのアレンジや、冷蔵庫の残りものを使ったレシピ、市販のお菓子を活用したかんたんレシピも紹介しています。

### 冷蔵庫の残りものをおやつにアレンジ

お正月から冷凍庫で眠っていた栗きんとんや切り餅が、ちょっとした工夫でおいしいおやつに。料理で余った卵白を活用できるレシピもあります。まいにちのおやつは、日常の延長線上で作れるもので十分なのです。

### 市販品を活かせばもっとかんたん

一から手作りしなくても、市販品に少し手を加えるだけでオリジナルのおやつに変身します。クッキーにマシュマロを挟む、冷凍パイシートでチョコレートを包んで焼く……。かんたんですが、ひと手間の愛情が伝わります。

## Point 03 その日の気分で選べる

まいにちの気分に合わせて食べたいものを選べるように、さまざまな食感や味のレシピをそろえています。さくさくのスナックやふわふわのパンケーキ、おにぎりだって立派なおやつです。暑い季節にはひんやりとしたゼリーにアイス、ジュースがぴったり。誕生日やクリスマスなどのとくべつな日には、ちょっと張り切ってスポンジからケーキを作るのはいかがでしょう?「今日はなに食べる?」と一緒にレシピを開く時間や、イベントのテーブルを彩る華やかなおやつの記憶は、きっと大人になっても大切な思い出として残ります。

さくさく　ふんわり　とくべつ　ひんやり　しょっぱい

見た目も楽しい

見た目を自由に変えられるのも、手作りおやつの醍醐味です。シンプルなクッキーを、お子さんの好きな動物や乗り物の抜き型で作れば、「わっ!」と目を輝かせてくれるにちがいありません。ほかにも、カラフルな食紅やキャンディで鮮やかな色を加えたり、フルーツやお菓子を好きなだけ盛った夢のパフェを叶えたり。そんな、おやつタイムをより一層楽しくするアイデアをたくさん紹介しています。次はどんな色、形にしようか、よろこぶ顔を想像しながらキッチンに立つ時間が、作る人にとっても楽しい時間になるといいです。

## Point 05 一緒に作れる

「このおやつはどうやって作るの？」とお子さんが興味をもってくれたら、ぜひ一緒に作ってみてください。この本のレシピは、複雑な工程をなるべく省いているので、親子で作るのにぴったりです。まずは好きな型を選んだり、ホイッパーでぐるぐる混ぜたりするかんたんな作業から。キッチンに立つだけで何気ない日がイベントになり、自分の手が加わったおやつは、いつもの何倍もおいしく感じられるでしょう。何度も作っていくうちに、少しずつできることが増えていくのも楽しい経験になるはずです。

### お手伝いマーク

生地をこねたり、形を作ったりする工程に、お手伝いマークをつけています。火や包丁は使わないので小さいお子さんでも安心です。年齢に応じて、見守りながらマーク以外の工程を任せていくのもいいですね。

## Point 06　余ったらとっておける

手作りおやつは、一般的な市販のおやつに使われている保存料が入っていないので、できたてをその日のうちに食べるのが基本です。ですが、この本でご紹介しているおやつの中には、作り置きしたり数日間とっておいたりできるものも多くあります。レシピページの「保存のコツ」には、おいしく残す方法と保存後の食べ方を載せているので、ぜひ試してみてください。おやつのストックがあれば、忙しい日にもさっと用意できて、心の余裕につながります。

### 例えば、クッキーが余ったら…

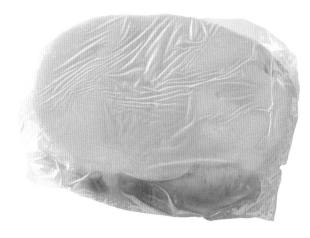

### 生地はラップで包んで冷凍

焼く前の生地は、ブロック状にまとめてラップでぴっちりと密閉して、冷凍庫で1カ月ほど保存が可能です。食べるときは、前の晩に冷蔵室に移して解凍し、形成してオーブンで焼きます。使い道が決まっているときは、形成してから冷凍すれば焼くだけなのでより手軽です。

### 焼いた後は湿気に注意

焼いたクッキーは、3日〜1週間で食べきるなら、ジッパーつきの保存袋に乾燥剤と一緒に入れて密閉し常温で保存します。1カ月程度保存したい場合は、密閉した状態で冷凍庫へ。食べる前に電子レンジで20〜30秒加熱すると、焼き立てのようなさくさく食感が味わえます。

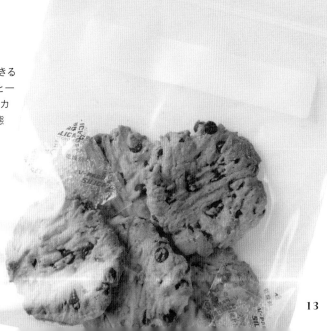

# 基本の材料

この本で使う主な材料をご紹介します。選び方のポイントも書いていますが、
おうちにあるものや、使い慣れたものでもちろんOKです。

### ①アーモンドパウダー

アーモンドを細かく砕いて粉状にしたもの。香ばしい風味
としっとり感がプラスされます。

### ②片栗粉

じゃがいもを原料としたでんぷん。ぷるぷる食感のおや
つやコーンスターチの代用品としても使えます。

### ③ベーキングパウダー

生地を膨らませたり、食感や焼き色をよくしたりする役割
があります。アルミフリーのものがオススメです。

### ④薄力粉

小麦粉の中でもキメが細かく、水分と混ざりやすい薄力
粉は、おやつ作りに向いています。

### ⑤米粉

米を細かく砕いて粉状にしたもの。さっくり、もちもちの
仕上がりが特徴です。

### ⑥ホットケーキミックス

薄力粉やベーキングパウダーなどが含まれているので、
手軽にお菓子作りを楽しめます。

### ⑦コーンスターチ

とうもろこしを原料としたでんぷん。液体を固める役割が
あり、冷やしても効果が持続するのが特徴です。

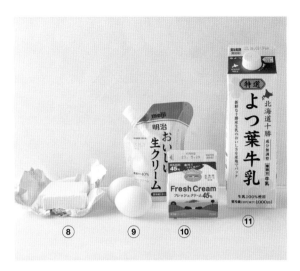

### ⑧ バター

「無塩バター」と表記していない場合には、有塩でもOKです。どちらでもおいしく仕上がります。

### ⑨ 卵

レシピに記載がない場合は、Mサイズを使用。個体差はありますが、仕上がりにあまり影響しません。

### ⑩ 生クリーム

乳脂肪分45%の生クリームを使用。濃厚でおいしい一方、ホイップすると分離しやすいので、お子さんと作るときは扱いやすい純乳脂もオススメです。

### ⑪ 牛乳

生乳100%を原料とした、成分無調整のものを使用しています。

### ⑫ きび砂糖

さとうきびの風味が残る、コク深い味わいが特徴です。白い砂糖よりもやさしい甘さに仕上がります。

### ⑬ 粉糖

粒子が細かく、クッキーなどに使うとホロホロの食感になります。仕上げに振りかける場合は、溶けにくいトッピング用の粉糖がオススメです。

### ⑭ 上白糖

料理にもよく使われる、なじみ深い砂糖。結晶が細かく、生地などがしっとりと仕上がります。

### ⑮ グラニュー糖

上白糖よりも結晶が大きく、サラサラとした質感。甘さにクセがなく、お菓子作りに向いています。

### ⑯ 冷凍パイシート

パイ生地を使ったおやつが手軽に作れてとても便利。短時間で解凍できるところもうれしいです。

### ⑰ オートミール

オーツ麦を原料とした食品。カロリーが控えめで栄養豊富なおやつが作れます。

### ⑱ 粉ゼラチン

ゼリーなどの冷やして固めるおやつに使います。使う前に水でふやかすのを忘れずに。

# 基本の道具

この本で使う主な道具をご紹介します。使い慣れたものが一番ですが、
焼き型のサイズは火の通りに差がでるので、同じ大きさのものを用意できると安心です。

### ①角型

18cm四方の鉄製（フッ素樹脂加工）。オーブンシートを敷いて使います。

### ②パウンド型

8×16cmの鉄製（フッ素樹脂加工）。オーブンシートを敷いて使います。

### ③シフォン型

直径17cmのものを使います。熱伝導がよく、ふっくらと仕上がるアルミ製がオススメです。

### ④丸型

直径15cmのものと、直径18cmの底取れタイプ。オーブンシートを敷いて使います。

### ⑤絞り袋、口金

生地やクリームを絞る際に使います。口金は、丸型と星型の2種類です。

### ⑥抜き型

クッキーの生地を抜く際に使います。いろんな形やサイズがあると、見た目が楽しく仕上がります。

### ⑦シリコンカップ

蒸しパンなどの型として使います。洗って繰り返し使えるところもポイントです。

### ⑧マフィン型

直径7×高さ3.5cmのマフィンが6個焼けるもの。グラシン紙やマフィンカップを敷いて使います。

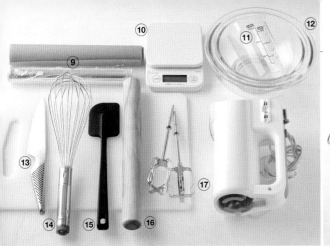

### ⑨ オーブンシート・ラップ

オーブンシートは、天板や型に敷く用。ラップは形成や保湿、保温のために使います。

### ⑩ キッチンスケール

1g単位ではかれるもの。デジタル式が見やすいです。

### ⑪ 計量カップ

液体の材料をはかる際に使用します。

### ⑫ ボウル（大、中）

電子レンジ加熱にも使うので、必ず耐熱性のものを用意してください。においや色が移りにくいガラス製がオススメです。

### ⑬ まな板、包丁

生地やフルーツのカットに使います。

### ⑭ ホイッパー

材料を混ぜたりクリームや卵を泡立てたりする際に使います。

### ⑮ ヘ ラ

耐熱性のもの。材料を混ぜ合わせたり、表面をならしたりする際に使います。

### ⑯ 麺棒

生地を薄く伸ばす際に使います。長いものの方が作業しやすくてオススメです。

### ⑰ ハンドミキサー

クリームなどを高速で泡立てられます。低速と高速の切り替えができるものが便利です。

### ⑱ ロールケーキ用天板

25×25cmのアルミ製。オーブンシートを敷いて使います。

### ⑲ 揚げ鍋

ドーナツなどを揚げる際に使用します。厚手で底の深いフライパンで代用可能です。

※表面加工の施されたフライパンはコーティングがはがれやすくなり、劣化の原因になるので注意。

### ⑳ ミトン

焼き立てのものをオーブンから取り出すときなど、熱いものを扱う際に必ず使用してください。

### ㉑ ケーキクーラー

焼き立ての生地を冷ましておくために使います。四角いタイプでも問題ありません。

### ㉒ 小鍋

液体の加熱に使用します。

### ㉓ フライパン

直径24cmのもの。テフロン加工の施されたものがオススメです。

---

## 調理家電

### オーブンレンジ

庫内の形状はフラットタイプ、容量は30ℓ以上あるものがオススメです。最高温度は250℃程度あれば、この本のお菓子はすべて作れます。

### オーブントースター

1300Wに設定できるものを使用します。

### ミキサー

ジュースを作るときにあると便利です。使わない場合の作り方も紹介しています。

### ホームベーカリー

パンを作るときにあると便利です。使わない場合の作り方も紹介しています。

## この本の読み方

### 調理時間
オーブンの焼き時間を含めた調理時間の目安です。予熱、冷凍、冷蔵、生地を冷ます時間などは含みません。

### 不使用食品表示 　卵なし　牛乳なし　小麦粉なし
食物アレルギーの中でも特に多い卵、牛乳、小麦粉を使用していないレシピには、このマークをつけています。

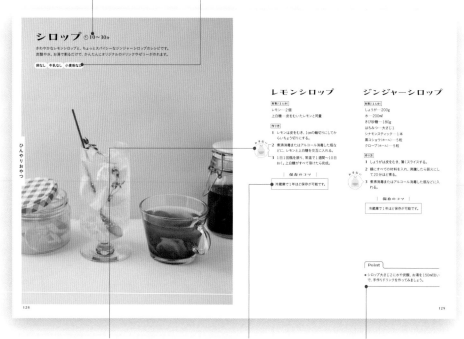

### お手伝いマーク
小さいお子さんでも安心してお手伝いできる工程にこのマークをつけています。

### 保存のコツ
保存が可能なレシピでは、保存方法と保存後のおいしい食べ方を紹介しています。

### POINT
気をつけることや、おいしく仕上げるコツを紹介。オススメのアレンジもこちらをチェックしてください。

## この本のきまり

- 主に使用する材料については、P.14〜15をご確認ください。

- オーブンは、機種によって加熱時間に差があるため、適宜加減してください。温度の高い機種の場合は−10℃に設定したり、焼き上がりの3分前からこまめに庫内の様子を見たりするのがオススメです。

- 電子レンジは、特に記載がない場合、600Wを基本としています。500Wの場合は加熱時間を1.2倍にしてください。機種によって加熱時間に差があるため、適宜加減してください。

- 計量単位は大さじ1＝15㎖、小さじ1＝5㎖です。

- 「少々」は小さじ1/6未満を、「適量」はちょうどよい量を、「適宜」はお好みで入れることを示します。

- 「ひとつまみ」は、親指、人差し指、中指の3本の指で自然につまめる量のことです。

- クリームの「7分立て」はホイッパーですくうとゆっくり流れ落ちる状態を、「8分立て」はホイッパーにとどまり、角の先端がお辞儀をする状態を示します。

# 1

## ＼さくさく／

### おやつ

さくさくとした歯ごたえが楽しい、
いろいろなクッキーとパイなどの
おやつをご紹介します。
オーブンから漂ういい香りや、
焼き立ての食感を味わえるのも
手作りおやつの醍醐味です。

# チョコチップクッキー ⏱30分

たっぷり入ったチョコチップのずっしり感がうれしいおやつ。天板に生地を落として焼くだけなので、麺棒も抜き型も必要ありません。おいしさも手軽さも二重丸のレシピです。

さくさくおやつ

**A** 無塩バター……120g
　　上白糖……60g
　　塩……ひとつまみ

全卵……1個

**B** 薄力粉……200g
　　ベーキングパウダー……2g

チョコチップ……100g

下準備

- バターは室温においてやわらかくしておく（急ぐ
  場合は電子レンジ200Wで10〜20秒ずつ加熱する）。
- オーブンを180℃に予熱しておく。

### Point

- 材料**A**は、ボウルの底にこすりつけるように
  すると混ざりやすいです。
- 6分ほど焼いた時点で、天板の前後を入れ
  替えると焼きムラが防げます。
- チョコチップは板チョコを粗く刻んだものを
  使用してもOKです。
- 上白糖はきび砂糖にかえるとやさしい甘さに。

作り方

お手伝い

**1** ボウルに**A**を入れ、ホイッパーで
白っぽくなるまで混ぜる。溶いた
卵を2回に分けて加え、よく混ぜ
る。

**2** **B**を合わせてふるい入れ、ヘラに
持ちかえて混ぜる。粉っぽさがな
くなったらチョコチップを入れてさ
らに混ぜる。

**3** オーブンシートを敷いた天板に大さ
じ1程度ずつ生地を落としていく。
フォークの背で生地を直径6cmの
平たい丸形に押し広げる。180℃
のオーブンで12〜15分焼く。

### 保存のコツ

焼く前の生地は、ひとまとめにしてラップで包
んで冷凍。自然解凍してから焼く。焼いた後
は、保存袋に乾燥剤と一緒に入れて密閉し
常温で保存。食べる前に電子レンジで20〜
30秒加熱すると、焼き立てのような食感に。

# 型抜きクッキー ⏱30分

ダレにくく型抜きがしやすい生地なので、お菓子作り初心者の方や子どもも扱いやすいです。
焼き上がったクッキーにチョコペンで模様や顔を描けば、より楽しくかわいく仕上がります。

A 無塩バター……90g
　上白糖……80g
全卵……1個
薄力粉……220g
チョコペン……適宜

下準備

o バターは室温においてやわらかくしてお
　く（急ぐ場合は電子レンジ200Wで10〜20
　秒ずつ加熱する）。
o オーブンを170℃に予熱しておく。

作り方

1 ボウルにAを入れ、ホイッパーで白っぽ
　くなるまで混ぜる。溶いた卵を2回に分
　けて加え、よく混ぜる。

2 薄力粉をふるい入れ、ヘラに持ちかえ
　て粉っぽさがなくなるまで混ぜる。

3 生地を平たくしてラップに包み、冷蔵庫
　で30分以上休ませる。

4 打ち粉を振ったオーブンシートに生地
　を出し、打ち粉をしながら麺棒で生地
　を約5mmの厚さに伸ばす。

5 生地を型で抜き、オーブンシートを敷い
　た天板に並べる。余った生地はもう一
　度まとめて、4、5の手順を繰り返す。
　170℃のオーブンで12〜15分焼く。
　粗熱が取れたら、お好みでチョコペン
　でデコレーションする。

Point

o 材料Aは、ボウルの底にこすりつけるようにすると混
　ざりやすいです。
o 6分ほど焼いた時点で、天板の前後を入れ替えると
　焼きムラが防げます。
o 型抜きの途中で生地がやわらかくなったら、冷蔵庫
　で冷やしましょう。

3

4
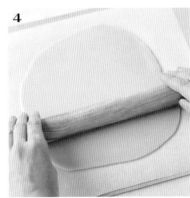

5
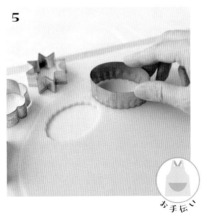

お手伝い

保存のコツ

焼く前の生地はブロック状に
まとめてラップに包むか、形
成した状態で保存袋に入れ
て冷凍。自然解凍してから焼
く。焼いた後は、保存袋に乾
燥剤と一緒に入れて密閉し常
温で保存。食べる前に電子レ
ンジで20〜30秒加熱すると、
焼き立てのような食感に。

# ステンドグラスクッキー ⏱35分

ステンドグラスのような透明感と、
ポップな色合いがかわいいキャンディクッキー。
生地はさくさく、キャンディはパリパリで、
食感のちがいも楽しいです。お好きな色で作ってみてください！

さくさくおやつ

### 材料（16枚分）

| | |
|---|---|
| **A** | 無塩バター……90g |
| | 上白糖……80g |
| 全卵……1個 | |
| 薄力粉……220g | |
| キャンディ……100g | |

### 下準備

- 型抜きクッキー（P.23）の
  工程4まで作る。
- キャンディを色別に粗めに砕く（小袋ごと
  ペンチで挟む、麺棒などでたたく）。
- オーブンを170℃に予熱しておく。

### 作り方

1 大小の抜き型を用意し、大きい型で生
  地を抜いた後、小さい型で中心を抜い
  てオーブンシートを敷いた天板に並べ
  る。

2 170℃のオーブンで8分焼き、一度天
  板を取り出して、中心の穴に砕いたキ
  ャンディを入れる。

3 再度オーブンに入れて、キャンディが溶
  けるまで4〜5分焼く。途中で様子を見て、
  キャンディで埋まらない部分があれば
  適量を足す。焼き上がったら天板を取
  り出し、キャンディが固まるまで冷ます。

### Point

- キャンディは透明感があってカラフルなものを
  使いましょう。
- キャンディを入れてから焼くときに、天板の前
  後を入れ替えると焼きムラが防げます。

### 保存のコツ

焼く前の生地はブロック状にまとめてラップに
包むか、形成した状態で保存袋に入れて冷凍。
自然解凍してから焼く。焼いた後は、保存袋に
乾燥剤と一緒に入れて密閉し冷蔵庫で保存。

お手伝い

# アーモンドクッキー ⏱25分

お菓子作りや料理で卵白が余ったら、このレシピを思い出して。
アーモンドの香ばしい風味と軽い食感で、次々と手が伸びるおいしさです。
混ぜて焼くだけの手軽さも魅力的。

**牛乳なし**

| 保存のコツ |

焼く前の生地はひとまとめにしてラップに包んで冷凍。自然解凍してから焼く。焼いた後は、保存袋に乾燥剤と一緒に入れて密閉し常温で保存。食べる前に電子レンジで20〜30秒加熱すると、焼き立てのような食感に。

---

**材料**（5cm角×16枚分）

A 卵白……1個分
　グラニュー糖……50g
　バニラオイル（あればバニラビーンズ）
　　……少々
薄力粉……10g
スライスアーモンド……80g

**下準備**
◦ オーブンを170℃に予熱しておく。

**作り方**

1 ボウルにAを入れてホイッパーで混ぜ、薄力粉を加えて混ぜる。スライスアーモンドを入れ、ヘラでさらに混ぜる。

2 オーブンシートを敷いた天板に生地を入れ、アーモンドの重なりを薄く広げる。170℃のオーブンで18〜20分焼く。

3 焼き上がったら熱いうちにオーブンシートごとまな板などに出し、シートをはがして四角くカットする。冷ましてから手で割ってもOK。

**Point**

◦ 10分ほど焼いた時点で、天板の前後を入れ替えると焼きムラが防げます。

# メレンゲクッキー ⏱70分

カリッと噛むとフワッと溶ける、不思議な食感がクセになります。
食紅を少し加えて、パステルカラーに仕上げるととってもかわいいです。
いちごパウダーや砕いたナッツを入れて味変も◎。

牛乳なし　小麦粉なし

さくさくおやつ

### 材料（30個分）

卵白……1個分
グラニュー糖……卵白と同量
粉砂糖……卵白と同量
食紅（赤、青）……少々

### 下準備

○ オーブンを100℃に予熱しておく。

### 作り方

1　ボウルに卵白を入れ、グラニュー糖を3回に分けて加えながらハンドミキサーでツノが立つまで泡立てる。

2　粉砂糖を入れてヘラで底からすくい上げるように混ぜ、食紅を微量加えて色をつける。数色作りたい場合は、生地を分けてそれぞれに食紅を加える。

3　星口金をつけた絞り袋に入れ、オーブンシートを敷いた天板に絞る。100℃のオーブンで60分焼く。粗熱が取れるまでオーブンの中で冷ます。

お手伝い

## Point

○ メレンゲはツノが立つまでしっかりと泡立てます。

○ ボウルなどの道具はきちんと拭いて、水気が入らないようにしましょう。

### 保存のコツ

焼いた後、保存袋に乾燥剤と一緒に入れて密閉し、常温または冷蔵庫で保存。

# スノーボールクッキー 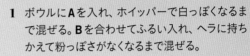 ⏱30分

アーモンドパウダーの香ばしさとコクを感じる、やさしい味わいのクッキーです。
口の中でホロッとほどける食感がたまりません。卵を使わないので、卵アレルギーの方にも。

卵なし

## 材料（18個分）

**A** 無塩バター……50g
　　粉砂糖……15g
　　塩……少々

**B** 薄力粉……50g
　　アーモンドパウダー……30g

〈トッピング〉
粉砂糖……20g

## 下準備

- バターは室温においてやわらかくしておく（急ぐ場合は電子レンジ200Wで10〜20秒ずつ加熱する）。
- オーブンを160℃に予熱しておく。

## 作り方

1. ボウルに**A**を入れ、ホイッパーで白っぽくなるまで混ぜる。**B**を合わせてふるい入れ、ヘラに持ちかえて粉っぽさがなくなるまで混ぜる。

2. 生地を18等分（1個あたり約8g）に分けて丸める。オーブンシートを敷いた天板に並べ、160℃のオーブンで15〜18分焼く。

3. 粗熱が取れたら、粉砂糖を2回に分けてまぶす。

## Point

- 材料**A**は、ボウルの底にこすりつけるようにすると混ざりやすいです。
- 生地がやわらかい場合は、丸める前にラップで包んで冷蔵庫で30分休ませます。
- トッピングの粉砂糖にきな粉や抹茶、ココア、いちごパウダーを混ぜても◎。

| 保存のコツ |

焼いた後、保存袋に乾燥剤と一緒に入れて密閉し、常温または冷蔵庫で保存。

# オートミールクッキー ⏱20分

栄養豊富なオートミールクッキー。バター・卵不使用でヘルシーなのに、ザクザク食感で食べ応えがあります。

卵なし

### 材料（直径7cm×15枚分）

A オートミール……100g
薄力粉……50g
きび砂糖……50g
シナモンパウダー……小さじ1/2
塩……ひとつまみ

B サラダ油……大さじ2
牛乳……大さじ2
アーモンド……50g

### 下準備

○ 薄力粉はふるっておく。
○ アーモンドを粗く刻む。
○ オーブンを170℃に予熱しておく。

さくさくおやつ

### 作り方

1 ボウルにAを入れてホイッパーで混ぜる。Bを加えてヘラでさらに混ぜる。

2 オーブンシートを敷いた天板に、生地を約20gずつ落とし直径7cmの平たい丸形に広げる。

3 170℃のオーブンで15〜18分焼く。焼き上がったら、ケーキクーラーにのせて粗熱を取る。

### Point

○ 7分ほど焼いた時点で、天板の前後を入れ替えると焼きムラが防げます。

○ サラダ油をココナッツオイルにしたり、牛乳を豆乳にかえたりしてもOKです。

# くるっとチョコパイ ⏱30分

冷凍パイシートで作る、かんたんチョコパイ。材料3つで食べたいときにパッと作れるおやつです。

### 材料（16個分）

冷凍パイシート（18×18cm）……1枚
チョコレート（ひと口サイズ）……16個
溶き卵……適量

### 下準備

○ 冷凍パイシートを室温で5分ほど解凍する。
○ 板チョコレートを使う場合は、ひと口サイズに割る。
○ オーブンを200℃に予熱しておく。

### 作り方

1 パイシートを十字に切り、それぞれ横半分に切る。さらに斜めに切って二等辺三角形を16枚作る。

2 二等辺三角形の底辺にチョコを1個置いてくるくると巻き、巻き終えた方を下にしてオーブンシートを敷いた天板に並べる。

3 表面にハケで溶き卵を薄く塗る。200℃のオーブンで15〜18分焼く。

### Point

○ 8分ほど焼いた時点で、天板の前後を入れ替えると焼きムラが防げます。

○ 溶き卵は省いてもOKですが、塗ると焼き上がりにツヤがでます。

○ パイシートがベタベタする場合は、薄力粉を薄くつけて作業しましょう。

# 三角チョコバナナパイ ⏱30分

香ばしく焼けたさくさくのパイの中で、チョコレートとバナナがとろりとおいしく混ざり合います。
焼き立てを食べるときはヤケドに注意して！

### 材料（4個分）
冷凍パイシート（18×18cm）……1枚
バナナ……中1本
チョコレート（ひと口サイズ）……8個
溶き卵……少々

### 下準備
◦ 冷凍パイシートを室温で5分ほど解凍する。
◦ 板チョコレートを使う場合は、ひと口サイズに割る。
◦ オーブンを200℃に予熱しておく。

### 作り方
1 パイシートを十字に切り、ひし形になるように4枚置く。バナナを4等分にする。

2 パイシートの下半分にバナナを指で粗くつぶしてのせ、チョコレートを2個のせる。パイシートのふちに溶き卵を塗り、三角に折ってふちをフォークの先でとめる。

3 オーブンシートを敷いた天板に並べ、表面にハケで溶き卵を薄く塗る。200℃のオーブンで20〜22分焼く。

## Point
◦ 10分ほど焼いた時点で、天板の前後を入れ替えると焼きムラが防げます。
◦ 表面に塗る溶き卵は省いてもOKですが、塗ると焼き上がりにツヤがでます。
◦ パイシートがベタベタする場合は、薄力粉を薄くつけて作業しましょう。

# 製氷皿
# ひと口パイ

⏱25分

製氷皿で作るから、形成がラクちんです。おせちで余った
栗きんとんを入れれば、和菓子のような味わいに。いろんな具でお試しください！

### 材料（10個分）
冷凍パイシート（18×18cm）……1枚
栗きんとん……適量
黒ごま……適量
溶き卵……少々

### 下準備
◦ 冷凍パイシートを室温で5分ほど解凍する。
◦ オーブンを200℃に予熱しておく。

### 作り方
1 パイシートを製氷皿の2倍の大きさに伸ばし、製氷皿の上に置いて端から敷きこんでいく。

2 くぼみに栗きんとんを入れ、製氷皿の上を残ったパイシートで覆って冷蔵庫で10分冷やす。

3 製氷皿を逆さまにしてパイを出し、くぼみに沿ってカットする。オーブンシートを敷いた天板に並べ、表面にハケで溶き卵を薄く塗りごまを振る。200℃のオーブンで20分焼く。

# ミニアップルパイ  🕐45分

香ばしく焼けた編み目状のパイ生地から、リンゴがのぞく本格的なアップルパイ。
冷凍パイシートを使えば、おうちで気軽に作れます。カスタードクリームを入れると、さらにリッチな味わいに。

## 材料（6個分）

リンゴ……2個
バター……25g
グラニュー糖……50g
レモン果汁……小さじ1/2
シナモンパウダー……小さじ1/6
ラム酒……少々
レーズン……適宜
冷凍パイシート（18×18cm）……3枚
溶き卵……適量

## 下準備

○ 冷凍パイシートを室温で5分ほど解凍する。
○ オーブンを200℃に予熱しておく。

## 作り方

**1** リンゴのフィリングを作る。リンゴは8等分のくし切りにしてから、いちょう切りにする。

**2** フライパンにバターを溶かし、リンゴ、グラニュー糖、レモン果汁を入れる。混ぜながら弱火で15分煮る。水分が足りなくなったら水（分量外）を少し加える。

**3** 火を止めてシナモンパウダー、ラム酒、レーズンを入れて混ぜ、粗熱を取る。

**4** 冷凍パイシートを縦半分に切り、片方が大きくなるように横に切る。

**5** 小さい方のパイシートに編み目状の切りこみを入れる。ペティナイフなどを使い、右の写真のように交互に切っていく。

**6** 大きい方のパイシートにリンゴのフィリングをのせ、ふちに溶き卵を塗る。切りこみを入れた生地をそっと広げて重ね、表面にハケで溶き卵を薄く塗る。200℃のオーブンで20〜22分焼く。

**2**

**4**
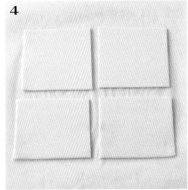

**5**
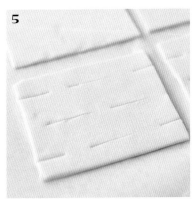

**6**
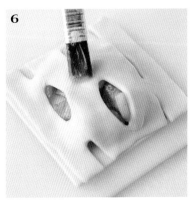

## Point

○ 10分ほど焼いた時点で、天板の前後を入れ替えると焼きムラが防げます。

○ 表面に塗る溶き卵は省いてもOKですが、塗ると焼き上がりにツヤがでます。

○ パイシートがベタベタする場合は、薄力粉を薄くつけて作業しましょう。

## 保存のコツ

粗熱を取って1つずつラップで包み、冷蔵で2〜3日保存可能。冷凍の場合は、ラップに包み保存袋に入れて、約1カ月保存可能。食べるときは、（冷凍の場合は自然解凍し）ラップをはずしてアルミホイルにのせ、オーブントースターで1〜2分温める。

# かんたんスコーン ⏱25分

生地の材料は3つだけ。菜箸で混ぜてトースターで焼くだけで、さくふわ食感のスコーンが作れます。
お好みで、バターや生クリーム、はちみつ、ジャムなどをつけていただきます。

卵なし

ホットケーキミックス……150g

プレーンヨーグルト……50g

バター……25g

**下準備**

・バターを湯煎または電子レンジで30秒ほど温めて溶かす。

**作り方**

お手伝い

**1** ボウルにホットケーキミックスを入れて真ん中をくぼませ、くぼみにヨーグルトと冷ました溶かしバターを入れる。菜箸でぐるぐる混ぜ、生地がポロポロとまとまってきたら、こねないように手でひとまとめにする。

**2** まな板の上に生地をのせ、厚さ2.5cmの丸形に伸ばす。包丁でピザを切るように放射状に6等分し、アルミホイルを敷いた天板に少し間隔を空けて並べる。

**3** 生地の上にふんわりとアルミホイルをかぶせ、オーブントースターで約15分焼く。アルミホイルをはずして、さらに2～3分焼いて焼き色をつける。

**保存のコツ**

粗熱を取って1つずつラップで包み、冷蔵で2～3日保存可能。冷凍の場合は、ラップに包み保存袋に入れて、約1カ月保存可能。食べるときは、（冷凍の場合は自然解凍し）ラップをはずしてアルミホイルにのせ、オーブントースターで1～2分温める。

# コーンフレークチョコ ⏱10分

コーンフレークと溶かしたチョコを混ぜて固めるだけのかんたんレシピ。
袋に材料を入れてもみもみしたり、子どもと楽しく作れます。
いろんなチョコレートでカラフルにするとかわいいです。

**卵なし　小麦粉なし**

**材料（12個分）**

コーンフレーク（プレーン）……40g
チョコレート（ミルク・ホワイト・
　ストロベリー・抹茶など）……50g

お手伝い

**作り方**

1　厚手のビニール袋にコーンフレークを入れ、手で
　もんで細かく砕く。

2　ボウルにチョコレートを割り入れ、電子レンジで
　30秒ずつ様子を見ながら溶けるまで加熱する。

3　2に1を入れて混ぜる。大さじですくってすり切り、
　オーブンシートを敷いたバットにトンッと出す。冷
　蔵庫で1時間ほど冷やす。

さくさくおやつ

| 保存のコツ |

保存袋に入れ、常温（冬場の直
射日光を避けた場所）で3〜6日ほ
ど、冷蔵で約2週間保存可能。

# バターシュガー シガレット ⏱8分

余った餃子の皮を活用して、さくさく食感の
おいしいおやつに。食べたいときに
レンジでかんたんに作れます。

**卵なし**

# たまごボーロ ⏱20分

コロコロとした小ぶりな見た目がかわいいたまごボーロ。
生地を丸める作業は、子どもと一緒に楽しめます。

**小麦粉なし**

**材料（30個分）**

卵黄……1個分
上白糖……25g
牛乳……小さじ1
片栗粉……80g

**下準備**

○オーブンを160℃に予熱しておく。

**作り方**

1 ボウルに卵黄、上白糖を入れ、ホイッパーでよく混ぜる。

2 牛乳と片栗粉を加え、ヘラに持ちかえて粉っぽさがなくな
  るまで混ぜる。

3 直径1cmに丸め、オーブンシートを敷いた天板に並べる。
  160℃のオーブンで12〜15分焼く。

> **Point**
>
> ○8分ほど焼いた時点で、天板の前後を入れ替えると焼きム
>  ラが防げます。

**材料（10本分）**

バター……15g
上白糖……大さじ1
餃子の皮……10枚

〈トッピング〉
粉砂糖……適量

**作り方**

1 耐熱容器にバターと上白糖を入れ、電子レン
  ジで50秒〜1分加熱して混ぜる。

2 ラップを広げて餃子の皮を置き、1をスプー
  ンで両面に塗る。端からシガレットのように
  巻いて棒状にする。

3 オーブンシートに並べ、電子レンジで2分加
  熱する。薄く焼き色がついたものを取り出し、
  続けて様子を見ながら10秒ずつ加熱する。
  すべてに焼き色がつくまで続ける。仕上げに
  粉砂糖を振る。

> **Point**
>
> ○餃子の皮をきつく巻くと食感が固めになるので、
>  ゆるめに巻くのがオススメ。

# カラフルポップコーン ⏱10分

市販のポップコーンをかわいくカラフルにアレンジしました。普段のおやつはもちろん、
おうちで映画を観るときのお供にすれば、気分はまるで映画館！ 手軽に非日常を味わえます。

**小麦粉なし**

**材料（作りやすい分量）**

プレーンポップコーン……15g
マシュマロ……20g
バター……5g

**作り方**

1 フライパンにバターとマシュマロを入れ、弱火に
   かけて焦がさないように溶かす。

2 ポップコーンを入れて、マシュマロがまんべんなく
   からまるように菜箸で混ぜる。

3 オーブンシートの上に出し、くっつかないように
   広げる。マシュマロが固まるまで冷ます。何色か
   作る場合は、色ごとに同じ手順で作業する。

**Point**

● マシュマロは色つきのものを使用してください。何
  色か用意すると、よりかわいいです。

● 冷めるとマシュマロが固まってくっついてしまうので、
  からめる作業は手早くしましょう。

# キャラメルポップコーン ⏱10分

映画館やテーマパークで人気のキャラメルフレーバーをおうちのおやつで。
キャラメルの香ばしさと、カリカリとした食感もポイントです。ひと口食べたら止まらない！

`卵なし` `小麦粉なし`

### 材料（作りやすい分量）

プレーンポップコーン……50g
上白糖……80g
水……大さじ1
バター……10g
牛乳……小さじ1
ベーキングパウダー（あれば）……1g

### Point

- 冷めるとキャラメルが固まってくっついてしまうので、からめる作業は手早くしましょう。
- ベーキングパウダーはなしでも作れますが、加えるとさくさくに仕上がります。

### 作り方

1 フライパンに上白糖と水を入れて中火にかけ、ゆすりながら上白糖を溶かす。色づいてきたら火を弱め、キャラメル色になるまで焦がして火を止める。

2 バター、牛乳、ベーキングパウダーを入れて混ぜ、ポップコーンを加えてキャラメルがまんべんなくからまるように菜箸で混ぜる。

3 オーブンシートの上に出し、くっつかないように広げる。キャラメルが固まるまで冷ます。

# ビスケットサンド ⏱3~5分

市販のビスケットにマシュマロやドライフルーツバターを
挟むだけのかんたんおやつ。ひと手間加えるだけで、
グッとおいしくリッチな気分になれますよ。

Point

- ビスケットは薄めならサクッと、厚めな
  らザクッとした食感になります。
- マシュマロと一緒にジャムやチョコ
  レートを挟むのもオススメです。
- ドライフルーツバターは、冷凍庫に入
  れて固まりかけたところで形を整える
  ときれいに仕上がります。

## ドライフルーツバターサンド

**材料 (作りやすい分量)**

ドライフルーツ (レーズン、アプリコット、いちじく、
　クランベリーなど)……100g
バター……100g
リキュール (ラム酒、キルシュなど)……小さじ1
ビスケット……適量

**下準備**

- バターは室温においてやわらかくして
  おく(急ぐ場合は電子レンジ200Wで10
  ~20秒ずつ加熱する)。

**作り方**

1 ドライフルーツを1.5cm角に切り、ボウ
　ルに入れてリキュール (または同量の水)
　をまぶして電子レンジで30秒加熱する。
　粗熱が取れたらバターを加えて混ぜる。

2 大きめにラップを広げて1をのせ、長さ
　12cm直径3.5cmの棒状に包んで両端を
　とめる。冷凍庫で1時間ほど冷やす。

3 しっかり固まったらラップをはずして1
　cmの厚さに切り、ビスケットで挟む。

## マシュマロサンド

**材料 (4個分)**

ビスケット……8枚
マシュマロ……4個

**作り方**

1 ビスケットにマシュマロをのせ、電
　子レンジで12~15秒加熱する。

2 マシュマロがやわらかい間にビス
　ケットで挟んで軽くおさえる。

# ビスケットミルフィーユ ⏱5分

ビスケットと水切りヨーグルトが、しっとり食感のチーズケーキのようなおやつに変身！
甘すぎず、クリーミーなのにすっきりとしていて、大人も子どもも好きな味です。

### 材料（1個分）

ビスケット（薄いもの）……8枚
ヨーグルト……100g

### 下準備

o 水切りヨーグルトを作る。小さめのボウルにひとまわり大きいザルを重ね、キッチンペーパーを敷いてヨーグルトをのせる。ラップをして冷蔵庫で1時間ほどおく。

### 作り方

お手伝い

1 ビスケット1枚に水切りヨーグルト小さじ1強をスプーンで塗り、もう1枚をのせて軽く圧をかけ、7枚分同じように重ねていく。

2 ラップで包んで冷蔵庫で2〜3時間ほど冷やす。

### Point

o ヨーグルトの水切りは、コーヒードリッパーとコーヒーフィルターを使ってもできます。

# キャラメルラスク ⏱30分

余ったバゲットで作れる、甘くて香ばしいキャラメルラスク。
火を使わない手軽さもうれしいポイントです。さくさく軽い食感がクセになります。

**卵なし**

**材料（15枚分）**

バゲット……15枚

**A** | 固形キャラメル……30g
牛乳……小さじ2
バター……20g
上白糖……小さじ1

**下準備**

○ オーブンを140℃に予熱しておく。

**作り方**

1 バゲットは7mm幅に切り、140℃の
オーブンで10分焼く。

2 **A**を電子レンジで1分加熱して混ぜ
る。キャラメルやバターが溶けきら
ない場合は、10秒ずつ追加して様
子を見ながら完全に溶かす。

3 バゲットが焼き上がったら、**2**を塗っ
て再び140℃のオーブンで10分焼く。

**| Point |**

○ 焼き時間の半分で、天板の前後を入
れ替えると焼きムラが防げます。

さくさくおやつ

**| 保存のコツ |**

保存袋に乾燥剤と一緒に入れ、
常温（冬場の直射日光を避けた場所）
で3〜4日ほど、冷蔵で約1週
間、冷凍で約1カ月保存可能。

# フルーツ グラノーラバー ⏱10分

フルーツグラノーラにマシュマロとバターを合わせるだけでできる、かんたんなシリアルバー。レンジでできるので予熱も不要です。

## メープルナッツ
⏱8分

市販のミックスナッツにひと手間加えるだけ！インスタントコーヒーやシナモン、ココアパウダーをまぶしたアレンジも◎。

卵なし 牛乳なし 小麦粉なし

**材料（作りやすい分量）**

ローストミックスナッツ……100g

A メープルシロップ……大さじ2
　 きび砂糖……大さじ1
　 塩……ひとつまみ

**作り方**

1 フライパンを中火にかけてAを入れ、きび砂糖が溶けてきたら弱火にする。

2 キャラメル状になってきたらナッツを加えて火を止め、白い粉が吹くまでヘラで混ぜる。

### Point

○ 生のナッツの場合は、はじめにフライパンに入れて中火で3分ほどローストしましょう。

**材料（約10×12cmのバット1台分）**

フルーツグラノーラ……100g

マシュマロ……25g

バター……10g

**下準備**

○ バットにオーブンシートを敷いておく。

**作り方**

1 ボウルにフルーツグラノーラ、マシュマロ、バターを入れる。ラップをせずに電子レンジで30秒加熱する。マシュマロが膨らんでバターが溶けるまで、10秒ずつ加熱を続ける。

お手伝い

2 ヘラで手早く混ぜ、バットに広げて上からオーブンシートを重ねる。フライ返しやヘラでギュッと押し固める。

3 冷蔵庫で15分ほど冷やす。固まったら食べやすいサイズに包丁でカットする。

### Point

○ 甘くしたい場合は、メープルシロップやはちみつを加えてください。

○ 刻んだナッツやドライフルーツ、シナモンパウダーなどを加えたアレンジもオススメです。

○ グラノーラの種類によって固まらない場合はマシュマロを増やしましょう。

# 野菜のおやつ

野菜を使ったおやつは、おいしいだけじゃなく、ビタミンや食物繊維などの栄養をとれるのが
うれしいポイントです。野菜嫌いのお子さんも、よろこんで食べてくれるかも。

## れんこんとワンタンチップ ⏱10分

### 材料（作りやすい分量）

れんこん……100g
ワンタンの皮……10枚
塩……適量
揚げ油……適量

### 作り方

1 れんこんはラップに包み電子レンジで1分加熱する。皮をむいてスライサーなどで薄く切る。ワンタンの皮は1枚を縦4等分に切る。

2 揚げ油を160℃に熱し、れんこんを揚げる。油の温度を180℃に上げ、ワンタンの皮を1枚ずつ入れて揚げ色がついたものから取りあげる。

3 揚がったれんこんとワンタンの皮をボウルに入れ、塩を振ってまんべんなくからめる。

### Point

● れんこんはなるべく薄切りにするのが、カリッと仕上げるコツです。

● 高温だと焦げてしまうので、中温でゆっくり揚げましょう。

## 大根フライ ⏱10分

### 材料（2～3人分）

大根……1/5本（200g）
おろしにんにく（チューブ可）……小さじ1/2
しょうゆ……大さじ1
片栗粉……大さじ3
薄力粉……大さじ2
塩……少々
揚げ油……適量

### 作り方

1 大根は皮をむき、長さ6cm、7mm角の棒状に切る。ポリ袋に入れ、おろしにんにくとしょうゆをからめ、15分ほどおいて味を染みこませる。

2 1に片栗粉と薄力粉を加え、ポリ袋を振って大根にまぶす。

3 180℃に熱した油で、5分ほどカラッと揚げる。全体に軽く塩を振る。

### Point

● 塩をカレーパウダーやコンソメにかえて味つけしてもおいしいです。

# さつまいも餅 ⏱15分

**材料（3個分）**

さつまいも……150g

切り餅……1個

上白糖……大さじ1

水……大さじ1

〈トッピング〉

きな粉……大さじ2

上白糖……大さじ1

**作り方**

1 さつまいもは皮をむき、1cm角に切って水にさらす。水気を切り、耐熱ボウルに入れてラップをし、電子レンジで3分加熱する。

2 切り餅を2つに割り、1に加えて上白糖と水をかける。ラップをかけて再度電子レンジで2分加熱する。餅がやわらかくなったらヘラでつき混ぜる。

3 食べやすい大きさにちぎって丸め、お皿にのせてお好みできな粉と上白糖を混ぜて振りかける。

## Point

● さつまいもと切り餅は、餅をつくようにペタペタとつぶしながら、全体がなじむまで混ぜます。

# いもけんぴ ⏱25分

**材料（2人分）**

さつまいも……200g

上白糖……大さじ2

水……大さじ1/2

揚げ油……適量

**作り方**

1 さつまいもを5mm幅の細切りにして水にさらし、水気をよく拭き取る。時間があれば、キッチンペーパーの上に広げて30分ほど乾かす。

2 フライパンに1を入れ、ひたひたになるくらいの油を注ぐ。中火にかけて150〜160℃の温度で約15分、カリカリになるまで揚げる。

3 別のフライパンに上白糖と水を入れて中火にかける。混ぜながら気泡が細かくなるまで煮詰めて2を入れ、まんべんなくからめる。オーブンシートの上に広げて冷ます。

## Point

● さつまいもは火の通りを均一にするため、なるべく同じ太さに切りそろえましょう。

# じゃがバター ⏱5分

**材料（3〜5個分）**

じゃがいも……3〜5個
水……100mℓ
バター……適量
塩……適量

**作り方**

1 じゃがいもは皮つきのまま水でよく洗い、芽があれば取り除く。

2 炊飯器にじゃがいもを入れて水を加える。通常の炊飯モードか早炊きモードにしてスイッチを入れる。

3 炊き上がったらじゃがいもを取り出し、十字に切りこみを入れてバターをのせて塩を振る。

## Point

○ コショウを振ったり、塩をしょうゆや味噌にかえて味つけしたりしてもおいしいです。

# 干しいも ⏱1〜5日

**材料（作りやすい分量）**

さつまいも……大1本

| 保存のコツ |

ラップで1枚ずつ包み、保存袋に入れて冷蔵で約1週間、冷凍で約半年保存可能。

**作り方**

1 さつまいもはよく洗って皮つきのまま蒸す。炊飯器にさつまいもと水200mℓを入れて、通常の炊飯モードで炊いてもOK。

2 さつまいもが熱いうちに、キッチンペーパーに包みながら皮をむいて粗熱を取る。濡らした包丁で、さつまいもを縦7mm幅にスライスする。

3 ザルや網に重ならないように並べ、涼しいところで天日干しする。1日1回は表裏を返す。

## Point

○ 干す日数で仕上がりが変わります。1〜2日はやわらかくねっとり、3〜5日は固めです。

○ 天気のいい日が続くときに作るのがベスト。冬場の乾燥した気候が特にオススメです。

○ オーブントースターで温めると、より香りが立っておいしいです。

# トルネードきゅうり ⏱10分

**材料（4本分）**

きゅうり……2本
白だし……大さじ1
塩……小さじ1/2

**作り方**

**1** きゅうりは両端を切り落として塩を振り、まな板の上で転がす。水で洗って水気を取って長さを半分に切る。

**2** 縦方向に割り箸を刺す。包丁を当てて、きゅうりを回すようにらせん状に切りこみを入れる。切りこみを開いて隙間を空ける。

**3** ジッパーつきの保存袋に白だしを入れ、きゅうりを加えてもみこむ。冷蔵庫で30分ほどおいて味をなじませる。

## Point

○ きゅうりはある程度の太さがあって、真っすぐなものが作りやすいです。

# キャロットケーキ ⏱35分

**材料**（直径7×高さ3.5cmのマフィン型5個分）

**A** 薄力粉……87g
ベーキングパウダー……2g
重曹……小さじ1/2
塩……小さじ1/4
きび砂糖……50g
シナモンパウダー……小さじ1/2

**B** オリーブオイル……50mℓ
全卵……1個
しょうが……5g
にんじん……125g
ローストくるみ……25g
ココナッツファイン……12g

〈フロスティング〉
クリームチーズ……100g
粉砂糖……30g
レモン果汁……小さじ1/2

〈トッピング〉
ココナッツファイン……適量

**下準備**

○ にんじんはスライサーなどで細かい千切りに、しょうがはすりおろしておく。

○ オーブンを180℃に予熱しておく。

○ マフィン型にグラシン紙やマフィンカップを敷いておく。

○ クリームチーズは室温においてやわらかくしておく（急ぐ場合は電子レンジ200Wで10〜20秒ずつ加熱する）。

**作り方**

1 ボウルにAを合わせてふるい入れる。Bを上から順に加えて混ぜ合わせ、型に流す。

2 180℃のオーブンで20分焼く。中心に竹串を刺して生地がついてこなければ焼き上がり。ケーキクーラーに出して冷ます。

3 フロスティングを作る。別のボウルにフロスティングの材料を入れて混ぜる。冷めたケーキの表面に塗り、ココナッツファインを散らす。

| 保存のコツ |

粗熱を取って1つずつラップで包み、冷蔵で2〜3日保存可能。冷凍の場合は、ラップに包み保存袋に入れて、約1カ月保存可能。食べるときは、冷凍の場合は自然解凍し、冷蔵の場合は常温に戻す。

**Point**

○ 15分ほど焼いた時点で、天板の前後を入れ替えると焼きムラが防げます。

# 2

## \ふわふわ/

### おやつ

ふわふわのおやつをほおばると、
やさしい甘みと幸せが
口いっぱいに広がります。
定番のホットケーキやドーナツから、
一度は作ってみたい台湾カステラまで。
「食べたい！」がきっと見つかるはずです。

# ホットケーキ ⏱20分

手作りおやつの定番ですが、少しのコツでお店みたいにふんわりとした仕上がりに！
その秘密はサラダ油と、混ぜすぎ・焼きすぎを防ぐ手順にあります。

ふわふわおやつ

**材料（3枚分）**

ホットケーキミックス……150g
牛乳……100mℓ
サラダ油……大さじ1
全卵……1個
〈トッピング〉
バター……適量
メープルシロップ……適量

**Point**

- 全卵と牛乳を混ぜてからホットケーキミックスを加えて、混ぜすぎを防ぎます。
- 生地を焼くときは、10cmほどの高さから1カ所に流してきれいな丸形に。
- 生地の表面に気泡が出る「焼き上がりサイン」を見逃さないで！

**作り方**

1 ボウルに卵を割りほぐし、牛乳とサラダ油を加えてホイッパーで混ぜる。

2 ホットケーキミックスを加え、手早く混ぜ合わせる。

3 濡らしたふきんをコンロの横にたたんで置く。フライパンにキッチンペーパーでサラダ油（分量外）を薄くひいて中火で温める。ふきんの上にフライパンをのせ、ジューッと音がしたらコンロに戻す。

4 お玉1杯分の生地をフライパンに流し入れる。弱火で3分ほど焼き、生地の表面に気泡が出てきたら裏返してさらに2分焼く。

5 お皿に取り、温かいうちにお好みでバターをのせメープルシロップをかける。

お手伝い

**保存のコツ**

焼いてから粗熱を取ってラップに包み、冷凍で約1カ月保存可能。食べるときは、電子レンジで50秒ほど温める。

# スフレパンケーキ ⏱20分

見た目のボリュームに反して、口に入れるとフワッと軽い食べ心地。
この口どけを作りだすには、しっかり泡立てたメレンゲと焼くまでのスピードが命です!

### 材料（3枚分）

ホットケーキミックス
　……50g
牛乳……大さじ1
卵黄……2個分
〈メレンゲ〉
卵白……3個分
片栗粉……大さじ1
上白糖……大さじ2
〈トッピング〉
粉砂糖……適量
バター……適量
メープルシロップ……適量

### 作り方

1　ボウルに牛乳と卵黄を入れて混ぜ、ホットケーキミックスを
　加えて混ぜる。

2　メレンゲを作る。別のボウルに卵白と片栗粉を入れ、ハンド
　ミキサーで混ぜながら上白糖を3回に分けて入れる。

3　メレンゲの1/3を1に加えて混ぜ、残りのメレンゲも加えたら
　ヘラに持ちかえて手早く切るように混ぜる。

4　フライパンにキッチンペーパーでサラダ油（分量外）を薄くひいて火にかけ、
　温まったら火を止めてスプーン（大）2杯分の
　生地をのせる。くっつかないように3枚分の
　せ、蓋をして弱火で3分焼く。

5　焼いた生地の上に、残りの生地をスプーン1杯ず
　つのせて裏返す。蓋をしてさらに3分焼く。

6　お皿に取って温かいうちに粉砂糖を振り、お好みで
　バターをのせメープルシロップをかける。

ふわふわおやつ

### Point

o 卵白はボウルを横に傾けても落ちないくらい、しっかりと泡立てます。

o 道具が濡れていると卵白が泡立ちにくいので、事前にきちんと拭き上げます。

o メレンゲがヘタらないうちに3枚同時に焼きます。

o トッピングにホイップクリームやフルーツを加えても◎。

# フレンチトースト ⏱15分

表面はカリッと中はしっとり、食感のコントラストがたまらない! 卵液に長時間つけるレシピもありますが、軽く浸すだけでも十分においしいです。忙しい朝にもオススメ。

**材料（2人分）**

食パン（6枚切り）
……2枚
バター……15g

〈卵液〉
牛乳……100㎖
全卵……1個
上白糖……大さじ1

〈トッピング〉
メープルシロップ……適量

お手伝い

**作り方**

1 食パンを4等分または2等分に切り、バットにのせる。計量カップに卵液の材料を入れて混ぜる。バットに卵液を流し入れ、食パンの両面を浸して染みこませる。

2 フライパンを中火にかけてバターを溶かす。バターが溶けたら食パンを入れて火を弱め、両面を焼き色がつくまで焼く。

3 お皿に取り、メープルシロップをかける。

## Point

● バターが焦げやすいので、こまめな焼き色チェックが大切です。
● 4枚切りの食パンやバゲットを使う場合は、牛乳を150㎖にしましょう。
● トッピングにホイップクリームやフルーツを加えても◎。

| 保存のコツ |

焼いてから粗熱を取ってラップに包み、冷凍で約1カ月保存可能。食べるときは、電子レンジで3分ほど温める。

# レンジマグフレンチトースト ⏱5分

電子レンジでできる、より手軽なフレンチトースト。やさしい甘さとフワトロ食感に癒やされます。
フライパンいらずで、食パンを手でちぎれば包丁も不要。後片づけまでラクちんです。

**材料（2人分）**

食パン（6枚切り）……1枚
〈卵液〉
全卵……1個
牛乳……100mℓ
上白糖……大さじ1
〈トッピング〉
バター……適量
メープルシロップ……適量

お手伝い

**作り方**

1　マグカップを2つ用意する。1つのカップに卵液の材料を入れてフォークで混ぜ、もう1つのカップに半量入れる。

2　食パンをひと口大にちぎり、それぞれのカップに半量ずつ入れる。フォークでパンを軽く押して、パンに卵液を染みこませる。

3　ラップをして電子レンジで2分ほど加熱する。温かいうちにバターをのせてメープルシロップをかける。

**Point**

- マグカップのサイズによって加熱時間は変わります。レシピの時間を目安に調整しましょう。

- 上白糖を塩小さじ1/4に置き換えて、ハムやチーズを入れるアレンジもオススメです。

# フルーツサンド ⏱10分

フルーツの缶詰と甘さ控えめの水切りヨーグルトを使った、軽い食べ心地のフルーツサンド。
寝る前に水切りヨーグルトを仕込んでおいて、朝食にするのもいいですね。

卵なし

### 材料（1〜2人分）

食パン（8枚切り）……2枚
プレーンヨーグルト……400g
上白糖……大さじ1
ミックスフルーツ缶……100g

### 下準備

o 水切りヨーグルトを作る。ボウルにひとまわり大きいザルを重ね、キッチンペーパーを敷いてヨーグルトを入れる。ラップをして冷蔵庫に半日〜一晩おいておく。

o ミックスフルーツ缶はシロップの汁気を切り、キッチンペーパーで水分を取る。フルーツが大きい場合は、小さくカットする。

### Point

o フルーツは缶詰でなくてもOK。いちごやキウイ、バナナなどお好みのもので作ってみてください。

o ヨーグルトは酸味の少ないものを選ぶと、まろやかな味に仕上がります。

### 作り方

お手伝い

1 水切りしたヨーグルトに上白糖を入れて、ホイッパーでよく混ぜる。

2 ラップを大きめに切って広げて食パン1枚を置き、中心に1の半量を塗り広げる。中心部分に隙間を空けてフルーツを並べ、その上に1の残りをのせて広げる。

3 もう1枚の食パンを重ねて軽くおさえ、ラップで包んで冷蔵庫で5分休ませる。ラップごとパンの耳を切り落とし、ラップを取って対角線に包丁を入れて4等分に切る。

# プレーンマフィン ⏱30分

おやつはもちろん、朝食やちょっとした差し入れにもよろこばれます。プレーンの生地に
具材や調味料を加えるだけで、いろんなバリエーションが楽しめるところも魅力です。

ふわふわおやつ

## Point&Arrange

- 材料**A**は、ボウルの底にこすりつけるようにすると混ざりやすいです。
- 10分ほど焼いた時点で、天板の前後を入れ替えると焼きムラが防げます。
- Arrange1 ——プレーンの生地に材料を混ぜ合わせて同様に焼いてください。
- Arrange2 ——プレーンの生地にウインナー、コーン缶、塩を混ぜ合わせて
  マフィン型に入れ、ケチャップとピザ用チーズをかけて同様に焼いてください。

**材料**（直径7×高さ3.5cmのマフィン型6個分）

A｜無塩バター……50g
　｜上白糖……80g
　｜塩……ひとつまみ

全卵……1個

B｜薄力粉……120g
　｜ベーキングパウダー……5g

牛乳……50㎖

**下準備**

o バターは室温においてやわらかくしておく（急ぐ場合は
　電子レンジ200Wで10〜20秒ずつ加熱する）。
o オーブンを180℃に予熱しておく。
o マフィン型にグラシン紙やマフィンカップを敷いておく。

**Arrange 1**

**チョコレートマフィン**
ココアパウダー（ふるう）……15g
板チョコレート（粗く刻む）……1枚

**Arrange 2**

**ウインナーコーンチーズマフィン**
ウインナー（輪切り）……3本
コーン缶……50g
塩……ふたつまみ
ケチャップ……適量
ピザ用チーズ……30g

**作り方**

お手伝い

**1** ボウルに**A**を入れ、ホイッパーで白っぽくなるまで混ぜる。溶いた卵を3回に分けて加え、その都度しっかり混ぜる。

**2** 1に**B**の1/3をふるい入れて混ぜる。ヘラに持ちかえて、牛乳を少しずつ加えながら、残りの粉を底からすくい上げるように混ぜる。

**3** マフィン型にスプーンで生地を均等に入れて表面を軽くならす。180℃のオーブンで20〜23分焼く。中心に竹串を刺して生地がついてこなければ焼き上がり。ケーキクーラーに出して冷ます。

| 保存のコツ |

粗熱を取って1つずつラップで包み、冷蔵で2〜3日保存可能。冷凍の場合は、ラップに包み保存袋に入れて、約1カ月保存可能。食べるときは、（冷凍の場合は自然解凍し）ラップごと電子レンジで10〜20秒温める。

# プレーンパウンドケーキ ⏱60分

しっとりとした質感と素朴なおいしさで、何度でも食べたくなるレシピ。焼いた翌日は、
しっとり感がさらにアップします。レモンとバナナのかんたんアレンジもぜひお試しください。

---

**材料（8×16cmのパウンド型1台分）**

**A** 無塩バター……100g
上白糖……90g
バニラオイル……少々

全卵……2個

**B** 薄力粉……80g
ベーキングパウダー……2g
アーモンドパウダー……30g

**Arrange 1** レモンパウンドケーキ
レモン果汁……大さじ1/2
レモンの皮……1個分
〈ミルクアイシング〉
牛乳……小さじ1
粉砂糖……大さじ2

**Arrange 2** バナナパウンドケーキ
バナナ（粗くつぶす）……小1本
きび砂糖……80g
ラム酒……小さじ1

- バターは室温においてやわらかくしておく（急ぐ場合は電子レンジ200Wで10〜20秒ずつ加熱する）。
- オーブンを170℃に予熱しておく。
- パウンド型にオーブンシートを敷いておく。

作り方

お手伝い

**1** ボウルに**A**を入れ、ホイッパーで白っぽくなるまで混ぜる。溶いた卵を3回に分けて加え、その都度しっかり混ぜる。

**2** 1に**B**をふるい入れ、ヘラに持ちかえて底からすくい上げるように混ぜる。パウンド型に流し入れ、表面を軽くならす。

**3** 170℃のオーブンで35〜40分焼く。10分ほど焼いた時点で一度取り出し、真ん中にナイフで切りこみを入れる。中心に竹串を刺して生地がついてこなければ焼き上がり。ケーキクーラーに出して冷ます。

## Point&Arrange

- 材料**A**は、ボウルの底にこすりつけるようにすると混ざりやすいです。
- アーモンドパウダーがない場合は、薄力粉を30g増やして代用してもOKです。
- 20分ほど焼いた時点で、天板の前後を入れ替えると焼きムラが防げます。
- Arrange1──プレーンの生地にレモン果汁とレモンの皮を加えて同様に焼きます。粗熱が取れたらミルクアイシングの材料を混ぜて、スプーンの先でたらすようにかけてください。
- Arrange2──プレーンの生地の上白糖をきび砂糖にかえ、ラム酒とバナナを加えて同様に焼きます。

| 保存のコツ |

粗熱を取ってラップに包み、常温で2〜3日保存可能。冷凍の場合は、カットしてから1つずつラップで包んで約1カ月保存可能。食べるときは（冷凍の場合は自然解凍し）電子レンジで20秒ほど温めてください。

# まんまるドーナツ ⏱12分

コロンとした見た目がかわいいこのドーナツ、なんと材料3つでできちゃいます。
仕上がりはふわもち食感でとってもおいしい！ 豆腐が入っているとは誰も気づかないはず。

**卵なし　牛乳なし**

ふわふわおやつ

### 材料（8個分）

ホットケーキミックス
　……150g
絹豆腐……150g
揚げ油……適量
〈トッピング〉
グラニュー糖……大さじ3

お手伝い

### 作り方

1　ボウルにホットケーキミックスを入れ、崩した絹豆腐を加えてホイッパーで混ぜる。グラニュー糖をバットに広げておく。

2　揚げ油を170℃に加熱する。生地をスプーンでまるくすくって油に落とし、箸で転がしながら揚げる。生地が浮いてきて香ばしい揚げ色がついたら、油を切って取り出す。

3　熱いうちにバットに入れ、転がしながらグラニュー糖をまんべんなくまぶす。

## Point

● 豆腐は水切り不要です。

● グラニュー糖をきな粉やココアパウダー、シナモンにかえてもおいしいです。

● 生焼けを防ぐために、高すぎない温度でゆっくり揚げましょう。

# ぐるぐるチュロス ⏱20分

渦巻き状の形がかわいくて、笑顔になること間違いなし。星口金の凹凸で表面はさくさく、
中はふんわりとした食感に。外側からぐるぐる食べていくのも楽しいですね。

**牛乳なし**

**材料（6個分）**

ホットケーキミックス……100g
**A** 卵黄……1個分
　　絹豆腐……80g
　　サラダ油……小さじ1
揚げ油……適量
〈シナモンシュガー〉
グラニュー糖……大さじ3
シナモンパウダー……大さじ1

**下準備**

○ 絞り袋に星口金をつけておく。
○ 10×10cmの正方形に切ったオー
　ブンシートを6枚用意する。

**作り方**

1　ボウルに**A**を入れて混ぜ、ホットケーキ
　ミックスを加えて混ぜる。グラニュー糖
　とシナモンパウダーを混ぜ、バットに広
　げておく。

2　生地を絞り袋に入れ、オーブンシート中
　心から渦巻き状に絞る。

3　170℃に熱した油にシートごとゆっくり
　落とし、両面に香ばしい揚げ色がつい
　たら取り出す（シートは途中ではずれたら取り
　出す）。熱いうちにバットに入れ、シナモ
　ンシュガーを両面にまぶす。

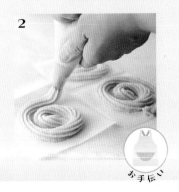
2

お手伝い

## Point

○ 生地を絞るときは、少し隙間を空けて渦を作ります。
○ シナモンシュガーのかわりにチョコレートソースをかけたり、
　ココアパウダーをまぶしたりしてもおいしいです。
○ 生焼けを防ぐために、高すぎない温度でゆっくり揚げましょう。

# ミルクフラン

🕐 **10分**

カスタードプリンのようになめらかな質感と、
濃厚な味わいが楽しめるお手軽おやつです。
焼き立てでも、冷やしてもおいしくいただけます。

材料（2人分）

| | |
|---|---|
| 全卵……1個 | 牛乳……150ml |
| 上白糖……大さじ1 | バナナ……1本 |
| 薄力粉……大さじ1 | 〈トッピング〉 |
| バター……10g | 粉砂糖……適量 |

下準備

◦ バターを湯煎または電子レンジで30秒ほど温めて溶かす。

ふわふわおやつ

作り方

**1** ボウルに卵を割りほぐし、上白糖、薄力粉、溶かしたバターを入れて混ぜ、牛乳を加えてさらに混ぜる。

**2** 浅めの耐熱容器2つに1cm幅に切ったバナナを並べ、**1**を均等に流し入れる。

**3** 電子レンジで3分30秒～4分加熱する。表面に粉砂糖を振る。

## Point

◦ フルーツは、さくらんぼやいちご、ブルーベリーでも◎。カマンベールチーズやビスケットを入れても、ひと味ちがうおいしさに。

◦ 容器のサイズによって加熱時間は変わります。レシピの時間を目安に調整しましょう。

---

# フルーツクラフティ

🕐 **25分**

卵液のやさしい甘さと、甘酸っぱいフルーツが
相性抜群なフルーツグラタン。
アツアツをスプーンですくっていただきます。

材料（14×14cmのグラタン皿1台分）

ベリー類（いちご、ブルーベリー、ラズベリーなど）……80g

〈卵液〉
薄力粉……20g
全卵……1個
上白糖……60g
生クリーム……150ml

作り方

**1** ボウルに卵を割りほぐし、上白糖、薄力粉、生クリームの順に加えて混ぜる。グラタン皿に流し入れる。

**2** いちごはヘタを取り、大きいものはカットする。他のベリー類と合わせて**1**に散らす。

**3** オーブントースターに入れて15～20分焼く。焼き色がついてきたら、焦げないようにアルミホイルをかぶせる。

## Point

◦ フルーツはバナナ、洋梨、もも、柿、リンゴなどでもおいしいです。

# ミルクもち ⏱10分

もちもちとした食感と牛乳のやさしい甘みと香りに、
きな粉と黒みつがよく合います。黒みつがない場合は、
きな粉2：砂糖1の割合で混ぜたものをまぶしても◎。

卵なし　小麦粉なし

# 生マシュマロ ⏱10分

カルピスの甘酸っぱい風味がさわやかで、
やわらかい食感に心が安らぎます。カルピスは、
フルーツフレーバーのものを使うと、
色や味わいが変わって楽しいです。

小麦粉なし

**材料（13×10cmのバット1台分）**

カルピス（希釈用）……60㎖

粉ゼラチン……3g

卵白……1個分

上白糖……25g

コーンスターチ……適量

**材料（4人分）**

牛乳……250㎖

上白糖……大さじ1

片栗粉……大さじ4

〈トッピング〉

きな粉……適量

黒みつ……適量

**下準備**

◦ バットにぴったりとラップを敷いておく。

**作り方**

1　鍋に牛乳、上白糖、片栗粉を入れてヘラで
　　混ぜ、中火にかけてさらに混ぜる。固まり
　　はじめたら弱火にしてさらに1分混ぜる。

2　火からおろし、スプーンを2本使ってひと
　　口大に丸め、水を入れたボウルに落として
　　いく。

3　ザルにあげてしっかり水気を切ってお皿
　　に取り、お好みできな粉と黒みつをかける。

**作り方**

1　鍋にカルピスと粉ゼラチンを入れてふやかし、弱火にか
　　けて粉ゼラチンを溶かす。ボウルに卵白を入れ、少しずつ
　　上白糖を加えながら混ぜてしっかりしたメレンゲを作る。

2　粗熱を取ったゼラチンをメレンゲに少しずつ加えながら、
　　その都度ヘラで切るようにさっくり混ぜる。バットに流し
　　入れて表面を平らにし、冷蔵庫で1時間〜1時間半冷や
　　し固める。

3　固まったらラップごと型から出し、全体にコーンスターチ
　　を薄く振る。包丁でひと口大にカットする。

## Point

◦ 牛乳のかわりに甘酒や抹茶、ほうじ茶、水
　で作ってもおいしいです。

◦ 焦げやすいので、固まりはじめたら目を離
　さず弱火で調理してください。

## Point

◦ メレンゲを立てるときは、道具の水分をしっかり拭き取りま
　しょう。

◦ コーンスターチは片栗粉で代用してもOKです。

# 蒸しパン ⏱15分

まあるい膨らみがかわいい蒸しパンは、ふんわり卵のやさしい味わいです。
プレーンの生地にさつまいもやチーズを加えるだけのかんたんアレンジも、ぜひ作ってみてくださいね。

全卵……2個

上白糖……50g

**A** ｜ 薄力粉……100g

｜ ベーキングパウダー……5g

牛乳……25㎖

サラダ油……大さじ1

下準備

○ 蒸し器を火にかけて沸かしておく。

○ **Arrange1** ——さつまいもをよく洗い、皮つきのまま7㎜角に切って水にさらす。耐熱皿に入れてふんわりとラップをし、電子レンジで1分ほど加熱する。

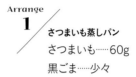

Arrange
**1** ／ さつまいも蒸しパン

さつまいも……60g

黒ごま……少々

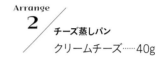

Arrange
**2** ／ チーズ蒸しパン

クリームチーズ……40g

作り方

**1** ボウルに卵と上白糖を入れて混ぜ、牛乳とサラダ油を加えて混ぜる。**A**を合わせてふるい入れ、粉気がなくなるまで混ぜる。

**2** カップにグラシン紙を敷き、生地を9分目まで流し入れる。

**3** 蒸し器に入れて12分蒸す。竹串を刺して生地がついてこなければ蒸し上がり。

**Point&Arrange**

○ カップはお弁当のおかずカップやマフィンカップ、シリコンカップなどなんでもOK。

○ **Arrange1** ——さつまいもは飾り用に10gほど残して、蒸しパンの生地に混ぜてカップに流し入れます。残りのさつまいもを飾り、黒ごまを散らして同様に蒸します。

○ **Arrange2** ——蒸しパンの生地をカップの半分まで流し入れ、中心にクリームチーズを10gずつ入れます。生地をカップの9分目まで加えて同様に蒸します。フライパンに油を薄く塗って熱し、蒸しパンの表面に焼き色をつけます。

# ベビーカステラ ⏱10分

お祭りの屋台でおなじみのベビーカステラが、たこ焼き器を使っておうちで気軽に楽しめます。
中に好きな具材を入れて、家族や友達とワイワイ焼くのもいいですね。

ふわふわおやつ

### 材料（15〜20個分）

全卵……1個
A | 牛乳……100㎖
　| みりん……大さじ1
　| サラダ油……大さじ1
　| はちみつ……大さじ1
ホットケーキミックス……150g

### Point

o カステラの中にチーズやチョ
　コレートを入れて焼いても◎。
o 生地は膨らむので入れすぎ
　注意。6分目を目安に流し入
　れます。

### 作り方

1 ボウルに卵を割りほぐし、**A**を入れて混ぜる。
　ホットケーキミックスを加えて混ぜる。たこ焼
　き器をしっかりと温め、キッチンペーパーでサ
　ラダ油（分量外）を塗り、一度加熱を止める。

お手伝い

2 生地を6分目まで流し入れて弱火にし、表面
　に気泡が出るまで焼く。2個を合体させて転
　がしながら焼く。

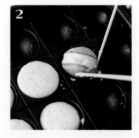

# ロールクレープ ⏱15分

スティック状で持ちやすく、ぱくぱく食べられるロールクレープ。
ラップなどに包んで冷蔵庫に保存しておけるので日々のおやつに便利です。

## 材料（6個分）

全卵……1個
グラニュー糖……20g
塩……少々
薄力粉……40g
バター……10g
牛乳……130㎖

〈**ホイップクリーム**〉

生クリーム……200㎖
グラニュー糖……大さじ1

## 下準備

- バターを湯煎または電子レンジで30秒ほど温めて溶かす。

## 作り方

1 ボウルに卵を割りほぐし、グラニュー糖と塩を加えて混ぜる。薄力粉、バターを加えて混ぜる。牛乳を少しずつ加えながらさらに混ぜる。

2 フライパンを中火にかけて十分に熱し、サラダ油（分量外）を薄く塗り広げる。生地をお玉1杯分流し入れ、手早くフライパンを傾けて薄く全体に広げて焼く。

3 ふちが色づいてはがれてきたら、菜箸に生地の端をひっかけ裏返し、裏面もさっと焼いて取り出す。同様に個数分の生地を焼き、ラップを挟んで重ねておく。

お手伝い

4 ホイップクリームを作る。ボウルに材料を入れ、冷水にあてながらハンドミキサーで泡立てる。クレープ生地を広げて、手前にクリーム大さじ2を横に広げ、生地の手前と両端を折る。手前からくるくると巻いて、巻き終わりを下にする。

## Point

- ホイップクリームと一緒に、フルーツやチョコソース、ジャムを巻いてもおいしいです。
- 時間があれば生地を冷蔵庫で1時間以上休ませるとより薄く焼けます。

# 台湾カステラ ⏱**90**分

卵のやさしい味とふるふるの軽い食感で、食べ出したら止まらない！
表面が割れないように作るのは少し難しいですが、チャレンジして焼き立てを味わってみてください。

| | |
|---|---|
| A | 牛乳……90㎖ |
| | サラダ油……60㎖ |
| | はちみつ……大さじ2 |
| B | 強力粉……40g |
| | 薄力粉……70g |

卵黄……6個分

〈メレンゲ〉
卵白……6個分
グラニュー糖……120g

下準備
○ 型よりも5cm高く、オーブンシートを敷いておく。
○ オーブンを150℃に予熱しておく。

作り方

お手伝い

**1** Aを湯煎で温め、60℃以上にする。湯煎からはずし、Bをふるい入れてホイッパーで混ぜ、卵黄を加えて混ぜる。

**2** メレンゲを作る。卵白にグラニュー糖を3回に分けて入れながら泡立てる。立てた角が倒れるくらいゆるめに仕上げる。

**3** メレンゲの1/3を**1**に加え、切るように混ぜる。

**4** 残りのメレンゲに**3**を加え、ヘラに持ちかえて切るように手早く混ぜる。型に流し入れ、表面をならす。

**5** オーブンの天板に水（分量外）を入れ、150℃で60分湯煎焼きする。15分ごとにオーブンを開けて蒸気を逃がし、表面の割れを防ぐ。焼き上がったら取り出し、ペーパーごと型からはずす。

**Point**

○ ふるふる食感の秘訣はゆっくりと熱を加えること。熱の入りやすいオーブンの場合は天板の上にバットを置き、角型にアルミホイルを巻いて湯煎焼きするとうまくいきやすいです。

# シフォンケーキ ⏱**50分**

ふんわり軽やかな食感が魅力のシフォンケーキ。あっさりとした甘さで、
口に入れるとしっとりやさしくほどけます。クリームや好みのフルーツを添えて召し上がれ。

卵黄……4個分
グラニュー糖……30g
サラダ油……40㎖
牛乳……40㎖
バニラオイル……少々
薄力粉……100g

〈メレンゲ〉
卵白……5個分
グラニュー糖……60g

〈トッピング〉
粉砂糖……適量

**下準備**

o オーブンを170℃に予熱しておく。

> **Point**
>
> o メレンゲはしっかり角が立つまで泡立てます。
>
> o バニラオイルは使わなくてもOKです。

**作り方**

**1** ボウルに卵黄を入れ、グラニュー糖を加えて白くもったりするまで泡立てる。サラダ油と牛乳、バニラオイルを加え、薄力粉をふるい入れながら混ぜる。

**2** メレンゲを作る。別のボウルに卵白を入れ、グラニュー糖を少しずつ加えながら泡立てる。

**3** 1のボウルにメレンゲの1/3を入れて混ぜ、2のボウルに中身を移し、ゴムベラに持ちかえて手早く切るように混ぜる。

**4** シフォン型に流し入れ、型の両横を持ち上げてトンッと空気を抜く。ヘリになでつけるように表面をならす。170℃のオーブンで30分焼く。竹串を刺して、生地がついてこなければ焼き上がり。

**5** 焼き上がったら型を逆さにし、安定した瓶の口に中心の穴を入れてそのまま冷ます。生地が冷めたら、パレットナイフでまわりの生地をはずし、中心部分は竹串ではずす。表面に粉砂糖を振る。

# 生クリームカップシフォン ⏱35分

シフォンケーキを食べやすいマフィン型で作りました。ホイップクリームがたっぷり詰まった生地は、やわらかくてしっとり食感。クリーム好きにぜひ食べてほしいおやつです。

## 材料（直径7×高さ3.5cmのマフィン型6個分）

卵黄……2個分
グラニュー糖……10g
サラダ油……20ml
牛乳……20ml
薄力粉……40g
ベーキングパウダー……2g

〈メレンゲ〉
卵白……2個分
グラニュー糖……20g

〈トッピング〉
粉砂糖……適量

〈ホイップクリーム〉
生クリーム……200ml
グラニュー糖……大さじ1

## 下準備

o オーブンを170℃に予熱しておく。
o マフィン型にグラシン紙やマフィンカップを敷いておく。
o 絞り袋に丸口金をつけておく。

## 作り方

**1** シフォンケーキと同じ手順（P.69）で生地を作る。

**2** マフィン型に生地を流し入れ、トンッと空気を抜く。170℃のオーブンで20〜25分焼く。竹串を刺して生地がついてこなければ焼き上がり。粗熱が取れたらケーキクーラーにのせ、そのまま冷ます。

**3** ホイップクリームを作る。ボウルに生クリームと砂糖を入れ、冷水にあてながらハンドミキサーで泡立てる。生地の真ん中に菜箸で軽く穴をあけ、穴にホイップクリームをたっぷり絞り入れ、表面に粉砂糖を振る。

お手伝い

3

## Point

o メレンゲはしっかり角が立つまで泡立てます。

# トースターで
# カップチーズケーキ ⏱20分

かわいいミニサイズのチーズケーキが、オーブントースターでかんたんに作れます。
焼き立てのアツアツもおいしいですが、冷やすとしっとり濃厚な味わいに。

**材料（2個分）**

クリームチーズ……150g
上白糖……60g
全卵……1個
薄力粉……小さじ2
レモン果汁……大さじ1/2
バニラオイル……少々

**作り方**

1 クリームチーズは電子レンジで30秒温めてやわらかくする。

2 ボウルにすべての材料を入れて混ぜる。

3 耐熱容器を2つ用意して生地を均等に流し入れ、アルミホイルをかぶせてオーブントースターで15分焼く。アルミホイルを取り、焼き色がつくまで焼く。

**Point**

○ 仕上げに粉砂糖をかけたり、フルーツを添えたりするとカフェスイーツのような見た目に。

# ヨーグルトスフレチーズケーキ

⏱ **60**分

口どけのいいふわふわ食感と、チーズのさわやかな味と香りがたまりません。
軽い食べ心地で1台ペロリと食べられます。ヨーグルトは水切りしなくてもOKです。

ふわふわおやつ

## Point

- 底取れではない丸型を使う場合は、同様に焼いて
  オーブンの中で10分おき、型のふちにナイフを入
  れて10分冷まします。型にお皿をのせて返して取
  り出し、底にお皿を当てて再度返してください。

- 30分ほど焼いた時点で、ケーキを回して前後を入
  れ替えると焼きムラが防げます。

- 焼き上がり10分前くらいで焼き色を見て、濃いよ
  うならアルミホイルをかぶせてください。

- コーンスターチは片栗粉を代用してもOKです。

## 材料（直径18cmの底取れ丸型1台分）

クリームチーズ……250g

グラニュー糖……30g

卵黄……4個分

プレーンヨーグルト……70g

生クリーム……100㎖

レモン果汁……大さじ1

A｜薄力粉……20g
　｜コーンスターチ……15g

〈メレンゲ〉

卵白……4個分

グラニュー糖……60g

## 下準備

- ○ キッチンペーパーで型に薄く油（分量外）を塗り、型の底と側面（型よりも2cm高く）にオーブンシートを敷く。オーブンシートにも薄く油を塗っておく。
- ○ 型の底からお湯が入らないようにアルミホイルでおおい、バットにのせて焼く。
- ○ オーブンを150℃に予熱しておく。
- ○ クリームチーズは室温においてやわらかくしておく（急ぐ場合は電子レンジ200Wで10〜20秒ずつ加熱する）。
- ○ 湯煎焼き用にお湯を沸かしておく。

## 作り方

1 ボウルにクリームチーズとグラニュー糖を入れ、なめらかになるまで混ぜる。卵黄、ヨーグルト、生クリーム、レモン果汁の順に加えて、その都度よく混ぜる。**A**を合わせてふるい入れ、さらに混ぜる。

2 メレンゲを作る。別のボウルに卵白を入れ、グラニュー糖を少しずつ加えながらハンドミキサーで泡立てる。

3 1のボウルにメレンゲの1/3を入れて混ぜ、2のボウルに中身を移し、ヘラに持ちかえて手早く切るように混ぜる。

4 型に生地を流し入れて天板にお湯（分量外）を注ぎ、150℃のオーブン（下段）で50〜55分湯煎焼きする。

5 焼き上がったらオーブンの中で10分おく。粗熱が取れたら型からはずす。

# リンゴのまるごとチーズケーキ

⏱ **35分**

リンゴをまるごと使ったチーズケーキは、見た目もかわいくて気分が上がります。
ジューシーな果肉と濃厚な生地は相性抜群。焼き立てをスプーンですくって召し上がれ。

**小麦粉なし**

ふわふわおやつ

**材料（2個分）**

リンゴ……2個

はちみつ……小さじ2

クリームチーズ……80g

上白糖……30g

全卵……1/2個

レモン果汁……小さじ2

〈**トッピング**〉

粉砂糖……適量

**下準備**

○ オーブンを180℃に予熱しておく。

○ クリームチーズは室温においてやわらかくしておく（急
　ぐ場合は電子レンジ200Wで10〜20秒ずつ温める）。

**作り方**

**1** リンゴは底を薄く切り、座りをよくする。
　上から1/4ほどを切って、中身をスプー
　ンでくり抜く。同じものを2つ用意する。

**2** くり抜いたリンゴは、種を除いて粗く刻
　み、ボウルに入れてはちみつをかけて
　混ぜる。電子レンジで3分加熱して、出
　た水分は捨てる。

**3** ボウルにクリームチーズと上白糖を入
　れ、ホイッパーでボウルの底にこすりつ
　けるように混ぜる。全卵、レモン果汁の
　順に加えて混ぜる。

**4** 天板にオーブンシートを敷き、**1**に**2**を
　詰める。その上に**3**を流し入れる。

**5** 180℃のオーブンで25分焼く。器にの
　せて粉砂糖を振る。

**Point**

○ リンゴをくり抜くときに、皮にヒビや割れがないよ
　うに気をつけましょう。

○ リンゴの大きさにより、中に詰める量を調整しまし
　ょう。

**1**

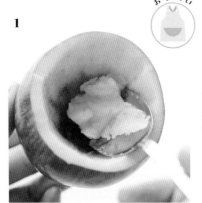

お手伝い

**2**

**4**

お手伝い

# いろいろトースト

真っ白なトーストは、無限のおいしさを秘めたキャンバス！ のせる食材次第で、朝食からおやつまで幅広く活躍します。色つきのクリームやグミを使って、見た目も楽しく仕上げましょう。

## ホイップチョコバナナトースト ⏱8分

**材料（1人分）**
山型食パン（4〜6枚切り）……1枚
バター……少々
バナナ……1/2本
〈ホイップクリーム〉
生クリーム……50㎖
上白糖……小さじ1
〈チョコソース〉
チョコレート（小さく割る）……15g
牛乳……小さじ2

**作り方**

1 山型食パンをトーストしてバターを塗る。バナナをスライスする。

2 チョコソースを作る。耐熱容器に材料を入れ、電子レンジで15秒ずつ、様子を見ながらチョコレートが溶けるまで加熱する。

3 ホイップクリームを作る。ボウルに材料を入れ、冷水にあてながらハンドミキサーで8分立てにする。星金口をつけた絞り袋に入れる。

4 山型食パンにホイップクリームをらせん状に絞り、スライスしたバナナを重ねていく。仕上げにチョコレートソースをかける。

**Point**

o ふんわりやわらかめの山型食パンがオススメです。
o ホイップクリームは市販品を使っても◎。

# ステンドグラス
# トースト ⏱5分

**材料（1人分）**

食パン（8枚切り）……2枚
グミ……5粒

**作り方**

1 食パン1枚をクッキー型で抜く。

2 もう1枚の食パンと重ね、抜いたところを埋めるようにちぎったグミを入れる。

3 グミが溶けてパンにほどよく焼き目がつくまで、オーブントースターで2〜3分焼く。

**Point**

○ グミは果汁入りのやわらかいものがオススメです。3色ほど使うとかわいく仕上がります。

# メロンパン風
# トースト ⏱8分

**材料（1人分）**

食パン（4〜5枚切り）……1枚
バター……15g
薄力粉……大さじ2
グラニュー糖……大さじ1

**作り方**

1 耐熱容器にバターを入れ、電子レンジで20秒加熱して溶かす。

2 1にグラニュー糖と薄力粉を加えて混ぜる。

3 食パンに塗り広げ、表面をならしてナイフの背で格子状に模様をつける。お好みでグラニュー糖（分量外）を振り、トースターで3分ほど焼く。

**Point**

○ 厚めの食パンで作るとよりおいしいです。

# カリカリチーズ トースト ⏱5分

**材料（1人分）**

山型食パン（6〜8枚切り）……1枚
粉チーズ……大さじ2
オリーブオイル……大さじ1
黒コショウ……適宜

**作り方**

1 山型食パンを縦方向の斜めにカットする。

2 フライパンにオリーブオイルを中火で熱し、オリーブオイルの上に粉チーズを振って山型食パンをのせる。

3 粉チーズが焼けてこんがりしたら裏返し、裏面もさっと焼く。お好みで黒コショウを振る。

## Point

○ 山型食パンは、焼くことによりサクッとした食感を味わえます。

# ウェーブトースト ⏱10分

**材料（1人分）**

食パン（4〜6枚切り）……1枚
クリームチーズ……40g
ブルーベリージャム……小さじ1/2〜1
はちみつ……適宜

**下準備**

○ クリームチーズは室温においてやわらかくしておく（急ぐ場合は電子レンジ200Wで10〜20秒ずつ加熱する）。

**作り方**

1 食パンをトーストする。

2 クリームチーズをクリーム状になるまで練る。半分に分けて、片方にブルーベリージャムを加えて混ぜる。色や固さを見ながら調整する。

3 トーストの端から、スプーンの背ですくったクリームチーズを、うろこのように塗り重ねる。お好みではちみつをかけても。

## Point

○ クリームチーズの色づけは、いちごジャムやいちごパウダー、食紅でもOKです。

# 3

# ＼しょっぱい／
# おやつ

こばらがすいたときに食べたくなるのが、
しょっぱいおやつ。
ウインナーやチーズ、ごはんや切り餅など、
身近な食材で作れるところも
うれしいポイントです。
大人のおつまみとしても活躍します。

# アメリカンドッグ ⏱10分

ほんのり甘いさくふわ食感の衣と、ウインナーのうまみが絶妙にマッチ！
ミニサイズならおうちでもかんたんに揚げられます。おやつ、お弁当、パーティーでも大活躍です。

材料（10〜12本分）

ウインナー……10〜12本

薄力粉……適量

A｜全卵……1個
　｜ホットケーキミックス……150g
　｜牛乳……80mℓ

揚げ油……適量

〈トッピング〉

トマトケチャップ……適量

下準備

o ソーセージを使う場合は、長さを半分
　に切っておく。

Point

o 生焼けを防ぐために、高すぎない温度でゆ
　っくり揚げましょう。

作り方

**1** ウインナーをビニール袋に入れ、薄力粉を加えてまぶす。ウインナーに縦向きで楊枝を刺す。

**2** 高さ8cm前後の計量カップなどにAを入れて混ぜる。ウインナーの楊枝を持ち、生地の中に入れてからめる。

**3** 160℃に熱した油に入れ、香ばしい揚げ色がつくまで揚げる。お皿に取ってトマトケチャップを添える。

# チーズボール ⏱15分

コロコロとした見た目がかわいいチーズボール。生地はもちもちで、
かじると中のチーズがびよーんと伸びます。ひと口サイズでぱくぱく食べられる楽しいおやつです。

卵なし

しょっぱいおやつ

### 材料（12個分）

さけるチーズ……3本
白玉粉……90g
牛乳……100ml
**A** | 上白糖……20g
  | 塩……2g
  | 薄力粉……50g
揚げ油……適量

### 作り方

お手伝い

1 さけるチーズは4等分に切る。ボウル
 に白玉粉を入れ、牛乳を加えて混ぜ
 る。**A**を加えて混ぜ、粉気がなくなって
 きたら手でしっかりまとめる。

2 生地を12等分に分け、チーズをのせ
 て包んで丸める。

3 180℃の油で転がしながら、香ばし
 い揚げ色がつくまで6〜8分揚げる。

### Point

○ 生焼けを防ぐために、高すぎない
 温度でゆっくり揚げましょう。

○ チーズがはみ出さないように包み
 ましょう。

○ 手にくっつく場合は手のひらに薄
 く油をつけてください。

# オニオンリング ⏱10分

輪切りにした玉ねぎを揚げるだけのかんたん＆シンプルなおやつ。
軽い衣と玉ねぎの甘みが後を引くおいしさです。おやつはもちろんおつまみにもぴったり。

**牛乳なし**

材料（玉ねぎ1個分）

玉ねぎ……1個

**A** | 薄力粉……100g
　　 | 片栗粉……大さじ2

**B** | コンソメ（顆粒）……小さじ1
　　 | 水……100mℓ
　　 | マヨネーズ……大さじ1

揚げ油……適量

お手伝い

作り方

1　玉ねぎは1.5cm幅の輪切りにする。Aをポリ袋に入れて振り混ぜ、玉ねぎを加えてまんべんなくまぶす。玉ねぎを取り出す。

2　ボウルにBを入れて混ぜ、1の残った粉を加えて混ぜる。

3　2に1の玉ねぎをくぐらせて、180℃の油で揚げる。

**Point**

o 生焼けを防ぐために、高すぎない温度でゆっくり揚げましょう。

# シャカシャカポテト ⏱10分

市販の冷凍フライドポテトを揚げて、シャカシャカ振ってフレーバーをまぶすだけ。
お手軽で楽しく作れるところが魅力です。定番のコンソメ味とふりかけを使ったゆかり味を紹介します。

卵なし 牛乳なし

しょっぱいおやつ

## コンソメ味

**材料（作りやすい分量）**
ポテトフライ（冷凍）……200g
コンソメ（顆粒）……小さじ 1/4

## ゆかり味

**材料（作りやすい分量）**
ポテトフライ（冷凍）……200g
ゆかり（ふりかけ）……小さじ 1

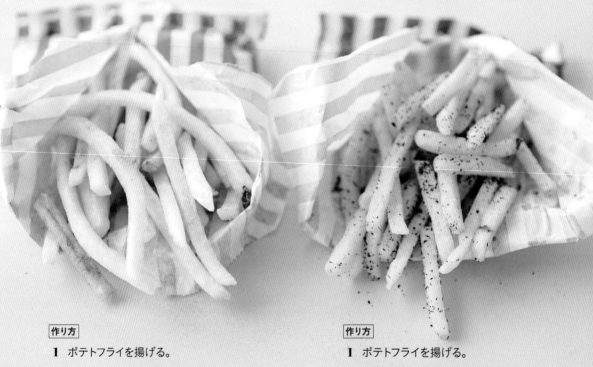

**作り方**

1 ポテトフライを揚げる。

2 コンソメをラップにふんわり包み、
電子レンジで15秒温める。ラップの上から指でつぶして粉末状にする。

お手伝い

3 揚げたポテトフライを紙袋に入れ、コンソメを加えてシャカシャカ振り、まんべんなくまぶす。

**作り方**

1 ポテトフライを揚げる。

2 揚げたポテトフライを紙袋に入れ、ゆかりを加えてシャカシャカ振り、まんべんなくまぶす。

**Point**

・ポテトの太さや量によって、フレーバーの量を調整してください。
・顆粒コンソメを使う場合は、粒子の細かいものを使用してください。

# パンの耳ピザスティック ⏱10分

サンドイッチを作った後などに残るパンの耳をおいしく活用！ スティック状だから食べやすくて、
朝ごはんやおつまみにしてもおいしいです。

**材料（1～2人分）**

食パンの耳……5～6本
ピザソース……大さじ1
ハーフベーコン……1枚
コーン缶……適量
ピザ用チーズ……30g

お手伝い

**作り方**

1 食パンの耳を隙間なくアルミホイルに並べる。

2 食パンの耳にピザソースを塗り、細切りにしたハーフベーコンとコーンをのせてピザ用チーズをかける。

3 トースターでこんがり焼き色がつくまで3～5分焼く。

**Point**

o ピザソースはケチャップに変更してもOKです。

o 具材はソーセージや玉ねぎ、ピーマンなどをのせても◎。

# フランクフルトパイ ⏱25分

冷凍パイシートを使ったかんたんフランクパイです。こんがり焼けたフランクフルトと
パイ生地の相性は言わずもがな。さくさくでジューシーな焼き立てを召し上がれ。

しょっぱいおやつ

## 材料（6本分）

フランクフルト……6本
冷凍パイシート（18×18cm）……1枚
溶き卵……少々
〈トッピング〉
ケチャップ・マスタード……適宜

## 下準備

- パイシートは室温に5分ほどおいて自然解凍する。
- オーブンを200℃に予熱しておく。
- フランクフルトに割り箸などの木の棒を刺し、包丁で斜めに数本切りこみを入れておく。

## 作り方

お手伝い

1 パイシートは12等分（約1.5cm幅）の棒状にカットする。フランクルト1本に、パイシート2本を上かららせん状に巻いていく。

2 オーブンシートを敷いた天板に並べ、溶き卵をパイの表面に薄く塗る。

3 200℃のオーブンで20分焼く。お皿に取って、お好みでケチャップやマスタードをかける。

1

## Point

- 串のコゲが気になる場合は、串にアルミホイルを巻いてください。
- 10分ほど焼いたところで、天板の前後を入れ替えると焼きムラが防げます。

# フラワートルティーヤ ⏱6分

アメリカで人気のフラワートルティーヤ。最近は日本のスーパーでも手に入りやすくなりました。
好きな具材を巻いて焼くだけという手軽さがうれしいですね。

卵なし

### 材料（2枚分）

フラワートルティーヤ……2枚
ハム……2枚
スライスチーズ……2枚

お手伝い

### 作り方

**1** フラワートルティーヤの真ん中に、ハムとチーズを1枚ずつ重ねてのせる。

**2** 上下を折って具材を巻く。

**3** フライパンを中弱火で熱し、表と裏を焼き色がつくまで2分ずつ焼く。そのまま、または半分にカットする。

## Point

- ピザソースや残りもののミートソース、カレーを入れてもおいしいです。

- 焼かずに1つずつラップで包んで、電子レンジで20秒温めてもOK。しっとり仕上がります。

# チーズクラッカー ⏱30分

チーズが香るシンプルな味わいとカリカリの食感で、食べはじめると止まりません。
さらにお好みで、黒コショウやバジルなどのスパイスを利かせても◎。

卵なし

### 材料（2人分）

A | 薄力粉……50g
　| 粉チーズ……15g
　| 塩……ふたつまみ
　| コショウ……少々

B | サラダ油……大さじ1
　| 水……大さじ1

### 下準備

○ オーブンを170℃に
　予熱しておく。

### 作り方

お手伝い

1 ボウルにAを入れて混ぜ、真ん中にくぼみを作る。

2 くぼみにBを入れ、粉を崩しながら手で混ぜてひとまとめにする。

3 オーブンシートを天板の大きさに敷き、生地を2〜5mmの厚さに伸ばす。

4 包丁で好みの大きさの三角になるよう切りこみを入れ、ストローの先でチーズのような穴をあける。そのまま天板にのせて170℃のオーブンで15〜20分焼く。

**1**

## Point

○ 10分ほど焼いたところで、天板の前後を入れ替えると焼きムラが防げます。

# しゃりしゃり大豆 ⏱10分

学校給食で人気の大豆しゃりしゃりをおうちのおやつで
再現しました。ぽりぽりの食感と甘からい味つけが
後を引きます。煮干しと合わせるとさらに栄養満点。

卵なし　牛乳なし　小麦粉なし

### 材料（作りやすい分量）

大豆（水煮）……150g

片栗粉……大さじ3

揚げ油……適量

A｜上白糖……小さじ2
　｜しょうゆ……小さじ2
　｜酒……小さじ1

### 作り方

1　水気を切った大豆と片栗粉をビニール袋に入れ、まんべんなくまぶす。

2　180℃の油でカラッと揚げる。

3　Aをフライパンでさっと煮立たせたら、揚げた大豆をからめる。

### Point

○温度が低いと衣がはがれやすくなるので注意。

# チーズせんべい ⏱3分

とろけるチーズを電子レンジで溶かすだけで、
パリパリのチーズせんべいに！ 枝豆とコーンを
トッピングして、野菜の甘みと彩りをプラスしました。

卵なし　小麦粉なし

### 材料（1人分）

とろけるチーズ……1枚

枝豆……14粒

コーン缶……大さじ1

### 作り方

1　オーブンシートにチーズをのせ、枝豆とコーンを散らす。

2　電子レンジで2分加熱する。焼き色がつくまで10秒ずつ加熱する。

3　粗熱を取り、食べやすい大きさに手で割る。

### Point

○加熱時間は、焼き色を見て調整してください。

○ピザ用チーズでも作れます。

# レンジでポテチ ⏱20分

レンジで作るポテトチップスは揚げないからヘルシーで、じゃがいもの味を感じられるやさしいおいしさ。
薄くスライスするのが、パリッと仕上げる秘訣です。

**卵なし　牛乳なし　小麦粉なし**

しょっぱいおやつ

### 材料（作りやすい分量）

じゃがいも……1個
サラダ油……少々
塩……少々

### 作り方

**1** じゃがいもは皮をむいて芽を取り、スライサーで薄くスライスする。水（分量外）にサラダ油を入れ、スライスしたじゃがいもを5分ほどさらす。

**2** じゃがいもをザルにあげて、キッチンペーパーでよく水気を取る。オーブンシートを広げ、じゃがいもを重ならないように並べて、まんべんなく塩を振る。

**3** ラップをかけずに電子レンジで3分加熱し、扉を開けて蒸気を逃し、さらに6〜8分加熱する。しんなりしている部分があれば、様子を見ながら20〜30秒ずつ追加で加熱する。うっすらと茶色くなりパリッとしたものから取り出す。

### Point

● 包丁でじゃがいもを切る場合は、なるべく薄く切りましょう。

● 電子レンジでの加熱時間は、様子を見ながら加減してください。

# お米チップス ⏱10分

お茶碗1杯分のごはんが余ったら、ぜひ試してほしいレシピ。材料2つだけで、
あっという間に作れます。カリカリの食感とお米の甘みが感じられる素朴なおいしさです。

卵なし　牛乳なし　小麦粉なし

材料（12枚分）
ごはん……100g
ごま塩……小さじ1

作り方

お手伝い

1　ごはんにごま塩を混ぜて12等分にする。

2　オーブンシートを広げてごはんを並べ、
　　ひとかたまりずつオーブンシートで挟ん
　　でコップの底で押しつぶす。

3　電子レンジで3分加熱し、ひっくり返し
　　てさらに1分加熱する。

## Point

○ 状態を確認して、加熱時間を15秒
　ずつ調整してください。

○ パリッと仕上げるにはなるべく薄くす
　ることが大切です。

○ 冷めて固くなってしまったら、トース
　ターで軽く焼くと再びパリッとします。

# マグカップオムライス ⏱5分

子どもも大人も大好きなオムライスが、マグカップでかんたんにできます。
卵をふわふわに仕上げるには、加熱の途中でかき混ぜるのがポイントです。

**小麦粉なし**

しょっぱいおやつ

**材料（1人分）**

温かいごはん……100g
ウインナー……1本
コーン缶……大さじ1
スライスチーズ……1枚
全卵……1個
トマトケチャップ……大さじ2
〈トッピング〉
トマトケチャップ……適量

**作り方**

**お手伝い**

1 マグカップに温かいごはん、コーン、輪切りにしたウインナー、ケチャップを入れて混ぜる。表面をスプーンで軽く押しながら平らにする。

2 スライスチーズをのせ、割りほぐした卵をかける。

3 ラップはせずに電子レンジで2分加熱する。ケチャップをかける。

## Point

- マグカップのサイズや温度で加熱時間が変わります。様子を見て調整してください。

- 卵液が染みこんでいかないように、ごはんの表面を平らにしておきましょう。

- 卵はふちから固まっていくので、加熱途中でさっと卵を混ぜると均等に仕上がります。

# パンクルトン ⏱5分

お好みのパンを大きめの角切りにして作るクルトンは、温かいスープにひたして食べるのがオススメです。
バターをたっぷり染みこませるとリッチな味わいに。

### 材料（1人分）

お好みのパン（レーズンパン、食パンなど）……1枚
バター……適量
お好みのスープ（パンプキン、コーンなど）……1杯分

### 作り方

1　パンは大きめの角切りにする。

2　フライパンでバターを溶かし、パンを入れて中弱火で転がしながら焼く。

3　香ばしく焼けたら温かいスープの中に浮かべ、スープにひたしながらいただく。

### Point

○ パンプキンスープにはレーズンパンがよく合います。コーンスープならバターをたっぷり染みこませて。

# 焼きおにぎり ⏱10分

夕方のこばらを満たしてくれる焼きおにぎり。ごはんが焦げつかないように注意して、フライパンで香ばしく焼きましょう。まとめて作って冷凍してもOKです。

卵なし　牛乳なし　小麦粉なし

しょっぱいおやつ

### 材料（3個分）

A | 味噌……大さじ1
　 | しょうゆ……小さじ1
　 | みりん……小さじ1
温かいごはん……300g
サラダ油……少々

┌─ **Point** ─────
- フライパンはテフロン加工のされたものを使いましょう。
────────────────

### 作り方

お手伝い

1 Aを混ぜ合わせる。温かいごはんを100gずつしっかり固めに握る。

2 Aをおにぎりの両面に塗る。

3 薄くサラダ油をひいたフライパンで、おにぎりの両面を香ばしく焼く。

| 保存のコツ |

焼いた後に粗熱を取ってからラップで包んで冷凍します。食べるときは、電子レンジで1分ほど温めてください。

# コマキンパ ⏱15分

コマキンパとは、韓国の小さな海苔巻きのこと。ごま油の豊かな風味と、
野菜のシャキシャキとした食感がたまらないおいしさです。酢じょうゆがよく合います。

**卵なし　牛乳なし　小麦粉なし**

## 材料（12個分）

海苔……3枚
ごはん……180〜200g
**A**｜いりごま……小さじ1
　｜ごま油……少々
　｜塩……少々
〈具材〉
にんじん……1/3本
きゅうり……1/2本
たくあん……5枚
カニかまぼこ……3本
青じそ……6枚
〈トッピング〉
ごま油……適量
いりごま……適量
〈酢じょうゆ〉
酢……適量
しょうゆ……適量

## 作り方

**1** 海苔は1枚ずつ1/4に切る。ごはんに**A**を入れて混ぜる。

**2** にんじんは千切りにして塩（分量外）を振り、ごま油（分量外）をひいたフライパンでさっと炒めて冷ます。きゅうりとたくあんも千切りに、青じそは半分に切り、カニかまぼこはほぐしておく。

**3** 海苔1枚にごはんを15gほどのせて広げる。半分に切った青じそをのせて、にんじん、きゅうり、カニかまぼこ、たくあんをのせて手前からくるくると細く巻く。

**4** できあがったコマキンパを並べてごま油を表面に薄く塗り、いりごまを散らす。お好みで酢じょうゆをつけて食べる。

**3**

## Point

● 具材はお好みでアレンジしてみてください。ゆでたほうれん草や卵焼き、焼肉のタレで焼いた肉を細切りにしたものを入れてもおいしいです。

● 具材は入れすぎないように注意しましょう。

# 肉巻きおにぎり ⏱12分

食べ応えばっちりの肉巻きおにぎりを、スティック状にして食べやすくしました。
豚バラ肉のうまみが染みこんだごはんに甘からいタレがからんで、止まらないおいしさです。

卵なし 牛乳なし 小麦粉なし

しょっぱいおやつ

材料 (2本分)

豚バラ薄切り肉……125g（4枚）

温かいごはん……200g

片栗粉……大さじ1

サラダ油……少々

**A** しょうゆ……大さじ1
みりん……大さじ1
上白糖……小さじ1

作り方

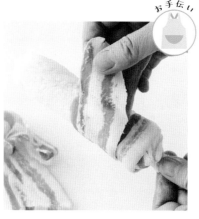

**1** ラップに100gのごはんを縦に細長く広げ、中央に割り箸を置いてラップで包む。しっかりと握って棒状に形を整える。

**2** ラップをはずし、豚肉をごはんの端から斜めに巻きつけ、全体に片栗粉を薄くまぶす。

**3** フライパンにサラダ油をひき、**2**を肉に焼き色がつくまで中火で転がしながら焼く。**A**を加え、中火で煮詰めてからめる。

しょっぱいおやつ

# フライパンはしまき ⏱20分

はしまきとは、お好み焼きを割り箸に巻いたもので、お祭りの屋台でおなじみのおやつ。
ソースやマヨネーズなど、お好みのトッピングでお楽しみください。

牛乳なし

**材料（4本分）**

A 薄力粉……65g
　全卵……1個
　水……100mℓ
　顆粒和風だし……小さじ1/2
キャベツ……100g
青ねぎ……3本
揚げ玉……大さじ3
サラダ油……少々
〈トッピング〉
ソース……適量
マヨネーズ……適量
青のり……適量
かつおぶし……適量

**作り方**

1 ボウルにAを入れて混ぜる。キャベツは粗みじん切りに、青ねぎは小口切りにし、揚げ玉と一緒に加えて混ぜる。

2 フライパンに薄くサラダ油をひき、1の1/4量を楕円形に流す。

3 中火で2分焼いたら裏返し、さらに2分焼く。焼けてきたら片方の端に巻き終わりをとめる生地を置く。

4 巻き終わりと反対側の生地の端に割り箸を挟みこんで、くるくると巻いていく。

5 お皿に取り、お好みでソース、マヨネーズ、青のり、かつおぶしをかける。

**Point**

○ 生地は薄めに焼くと巻きやすいです。

○ 生地を割り箸に巻くときは、フライ返しなどを使うと上手くできます。

# 輪切りとうもろこし ⏱10分

まるまる1本の焼きとうもろこしもいいですが、輪切りにすると食べやすくて日常のおやつにぴったり。
見た目もお花みたいでかわいいです。

**卵なし　小麦粉なし**

しょっぱいおやつ

**材料 (作りやすい分量)**

とうもろこし……1本
バター……10g
しょうゆ……大さじ1

**作り方**

**1** とうもろこしは皮を2、3枚残してラップで包み、電子レンジで約4分30秒加熱する。

**2** 皮をむいて、1.5cmの輪切りにする。

**3** フライパンにバターを入れて中火にかけ、バターが溶けたらとうもろこしを加えて両面焼く。焼き色がついたら、しょうゆを加えて香ばしくからめながら焼く。

**Point**

○ とうもろこしをゆでる場合は、塩を加えたたっぷりの熱湯にとうもろこしを入れ、再び煮立ってから4〜5分ゆでます。

# じゃがいも餅 ⏱15分

甘からいしょうゆ味のじゃがいも餅は、バターで焼くとより香り豊かでまろやかな味わいに。
仕上げに海苔を巻いたり、いりごまを振ったりしてもおいしいです。

卵なし　小麦粉なし

### 材料（6個分）

じゃがいも……2個
片栗粉……大さじ2
水……大さじ1
バター……10g
**A** | しょうゆ……大さじ1と1/2
　　　上白糖……大さじ1
　　　みりん……大さじ1/2

### 作り方

お手伝い

**1** じゃがいもは皮をむき、ひと口大に切ってゆでる。熱いうちにじゃがいもをマッシャーでつぶして片栗粉と水を加え、手でこねてまとめる。

**2** 6等分にして、水をつけた手のひらで丸めて押しつぶし、形を整える。

**3** フライパンにバターを入れて中火にかけ、2を並べる。焦がさないようにフライパンをゆすりながら両面に焼き目をつける。

**4** Aを加えて、フライパンをゆすりながら中火で煮詰めてからめる。

### Point

● じゃがいもを電子レンジでふかす場合は、1個ずつ濡れたキッチンペーパーで包んでからラップで包み、電子レンジで4〜5分加熱します。楊枝を刺して通ったら、熱いうちに皮をむいてください。

● バターをサラダ油にかえると、少しあっさりとした味わいになります。

# ゆで餅 🕗8分

お正月に余りがちな切り餅をゆっくりとゆでると、つきたてのようなやわもち食感になります。
定番のきな粉餅や素朴な納豆餅など、お好みの味つけで召し上がれ。

卵なし　牛乳なし　小麦粉なし

**作り方**

1 鍋に切り餅を重ならないように並べ、切り餅がしっかりかぶるくらいの高さまで水を入れて火にかける。

2 沸騰したら弱火にして、ときどきゆすりながら約3分煮る。

3 火を止めて、餅がやわらかくなるまでそのままにしておく。

**Point**

● 高温でゆで続けると餅が溶けてしまうので、沸騰したら必ず弱火にしてください。

● ゆで餅は冷めると固くなるので、温かいうちにいただきましょう。

しょっぱいおやつ

## きな粉餅

**材料（2個分）**

切り餅……2個

A｜ きな粉……大さじ2
　　上白糖……大さじ1
　　塩……ひとつまみ

**作り方**

Aを混ぜ合わせて、ゆで餅にからめる。

## 納豆餅

**材料（2個分）**

切り餅……2個

納豆……1パック

A｜ タレ（付属）……1袋
　　しょうゆ……適量
　　上白糖……ひとつまみ

青ねぎ……適量

**作り方**

納豆にAを入れて混ぜ合わせる。ゆで餅にからめて小口切りにした青ねぎを散らす。

# チーズはんぺん ⏱5分

ふわふわのはんぺんにとろけるチーズを挟んで、
焼き色をつけるだけでおいしいおやつに。
中に挟むもの次第で、いろいろなアレンジが楽しめます。

`小麦粉なし`

# 味つけゆで卵 ⏱10分

ゆで卵を漬け汁に入れて、冷蔵庫に入れておくだけ。
時間が経つほどにおいしさが深まります。おやつ、お弁当、
ごはんのおかずにもなる万能な作り置きです。

`牛乳なし` `小麦粉なし`

**材料（3個分）**

全卵……3個

〈漬け汁〉
しょうゆ……大さじ2
みりん……大さじ2
酒……大さじ1
上白糖……小さじ1

**材料（4個分）**

はんぺん……1枚
とろけるチーズ……1枚
サラダ油……少々

**作り方**

1 はんぺんとチーズは、対角線で4等
　分に切って三角形にする。

2 はんぺんの側面に切りこみを入れ
　て、チーズを挟む。

3 フライパンにサラダ油を薄くひき、
　両面に焼き色がつくまで弱火で焼く。

**Point**

○ ポテトサラダやたらこを挟んで焼い
　たり、仕上げに海苔で巻いたりしても
　おいしいです。

**作り方**

1 鍋にお湯を沸かし、冷蔵庫から出したばかりの卵をそっと入
　れて7分ゆでる。別の鍋に漬け汁の材料を入れて一度沸騰
　させ、火を止めて冷ましておく。

2 卵がゆで上がったら、素早く冷水に取って冷めたら殻をむく。

3 保存袋に漬け汁とゆで卵を入れ、空気を抜いて口を閉じる。
　冷蔵庫で2時間以上漬けこむ。

**Point**

○ 漬け汁は材料を耐熱容器に入れて、電子レンジで1分加熱し
　てもOKです。

○ 漬けこみ時間が長いと濃いめの味つけになります。お好みで
　調節してください。

○ 余った漬け汁は、煮物などの料理の調味料として使えます。

# 米粉のおやつ

米粉とは、米を細かい粉状に砕いたもののこと。
主に和菓子に使われてきましたが、今は用途が広がり、
スーパーでも手に入りやすくなりました。
おやつで米粉ならではの味わいを楽しみましょう。

# 米粉のいいところ

## グルテンフリー

米粉にはグルテンが含まれていないので、小麦粉アレルギーの方も安心して食べられます。

※パン用米粉の中にはグルテンが含まれているものもあるので注意しましょう。

## 扱いやすくて気軽に作れる

小麦粉より粒子が細かくダマになりにくいので、ふるわなくてもOK。手間と洗い物を減らせます。混ぜ方のコツも不要で、失敗が少ないのもうれしいです。

## いろんな食感と素材の甘み

ドーナツやパンはもちもち、クッキーはサクサクと、使い方によっていろんな食感が楽しめます。米のやさしい甘みが感じられるのも特徴です。

# 米粉ドーナツ ⏱15分

### 材料（6個分）

**A** ┃ ヨーグルト……20g
　　┃ 絹豆腐……100g
　　┃ きび砂糖……30g
　　┃ 塩……ひとつまみ

**B** ┃ 製菓用米粉……50g
　　┃ 片栗粉……50g
　　┃ ベーキングパウダー……5g

揚げ油……適量
粉砂糖……適量

### 下準備

o オーブンシートを10cmの正方形に切ったものを6枚用意する。

### 作り方

1 ボウルに**A**を入れて、ホイッパーで混ぜる。**B**を混ぜ合わせて加え、さらに混ぜる。

2 丸口金をつけた絞り袋に生地を入れる。オーブンシート1枚に、小さい丸7〜8個をつなげて輪になるように生地を絞る。

3 揚げ油を170℃に熱し、オーブンシートごと生地を入れて揚げる（シートは途中ではずれたら取り出す）。香ばしい揚げ色がついたものからキッチンペーパーに取り、仕上げに粉砂糖を振る。

### Point

o 仕上げにチョコレートでコーティングしたり、粉砂糖に抹茶パウダーやきな粉、ココアパウダーを混ぜたりしてもおいしいです。

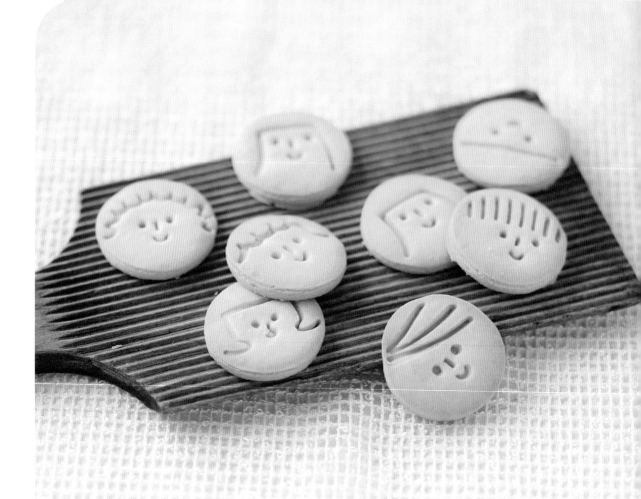

# 米粉のビスケット ⏱30分

**材料**(直径3〜5cmのクッキー型25枚分)

製菓用米粉……150g

**A** | バター……50g
　　| きび砂糖……60g

全卵……1個

**下準備**

● バターは室温においてやわらかくしておく(急ぐ場合は電子レンジ200Wで10〜20秒ずつ加熱する)。

● オーブンを170℃に予熱しておく。

**作り方**

1 ボウルにAを入れ、ホイッパーで混ぜる。割りほぐした卵を少しずつ加えて混ぜる。米粉を加えてヘラに持ちかえて混ぜる。

2 生地をひとかたまりにし、ラップをして冷蔵庫で30分休ませる。打ち粉をしながら麺棒で5mmの厚さに伸ばす。

3 生地を型で抜き、オーブンシートを敷いた天板に並べる。余った生地はもう一度まとめて、2〜3の手順を繰り返す。170℃のオーブンで12〜15分焼く。

**Point**

● 材料Aは、ボウルの底にこすりつけるようにすると混ざりやすいです。

● 伸ばした生地を冷蔵庫で冷やしてから型で抜くと、きれいに仕上がります。

● 8分ほど焼いた時点で、天板の前後を入れ替えると焼きムラが防げます。

# 米粉ちぎりパン

🕐 **60**分

**材料**（18cmの角型1台分）

| | |
|---|---|
| **A** | パン用米粉……300g |
| | 上白糖……20g |
| | 塩……5g |
| | サラダ油……18g |
| | ドライイースト……6g |
| | サイリウム……8g |

ぬるま湯……300ml

〈仕上げ用〉

サラダ油……少々

パン用米粉……適量

**下準備**

- 型にオーブンシートを敷いておく。
- 焼く前にオーブンを200℃に予熱しておく。

**作り方**

1 ボウルにAを入れて混ぜ、ぬるま湯を加え1分間混ぜる。サラダ油を加え2分間こね、ラップをかけて15分おく。

1

2 さらに1分間こねて16等分にし、手に薄く油を塗って丸める。

3 角型に並べ、濡れたキッチンペーパーとラップをふんわりかけ、オーブンの発酵機能40℃で20分発酵させる（30℃前後の室温の場合は40分）。

4 生地の表面に仕上げ用のサラダ油を薄く塗り、米粉を全体に振って200℃のオーブンで15分焼く。焼き上がったら型からはずし、粗熱を取って乾燥しないようラップをかけておく。

**Point**

- 室温で発酵させる場合、温度によって発酵時間を調節してください。

# 米粉カスタードクリーム ⏱5分

材料（作りやすい分量）

製菓用米粉……15g
卵黄……1個分
きび砂糖……30g
牛乳……150g

### Point

- 牛乳は同量の豆乳やアーモンドミルクに置き換えてもOKです。
- 電子レンジの加熱時間は、様子を見て調整してください。

作り方

1 ボウルに卵黄ときび砂糖を入れて混ぜ、製菓用米粉を加える。少しずつ牛乳を加えながら混ぜる。

2 ラップをして電子レンジで1分30秒加熱し、ホイッパーで素早く混ぜる。電子レンジに戻し、再度1分加熱して混ぜる。まだやわらかければ15〜30秒ずつ追加で加熱し、そのたびに混ぜる。

3 バットなどの容器に入れ、クリームに貼りつけるようにぴっちりとラップをする。粗熱が取れたら冷蔵庫で冷やす。食べるときは、使う分を取ってヘラでなめらかになるまで練る。

Part

# 4

## \ひんやり/

### おやつ

ひんやりおやつは、
口をさっぱりさせたいときや
暑い季節にもってこい。
カップで冷やし固めるプリンなどは、
持ち運びやすく
手土産にするとよろこばれます。
手軽なアイスやジュースもお試しあれ。

# 大きいプリン ⏱90分

一度は夢見たことのある抱えるほどの大きいプリン。お子さんから歓声が上がること間違いなしです。
甘すぎず、なめらかでコクのある味わいでペロリと食べられます。

**小麦粉なし**

**材料**（直径18cmの丸型1台分）

牛乳……800ml
全卵……6個
グラニュー糖……100g
バニラビーンズ（エッセンス）……少々

**〈キャラメル〉**
グラニュー糖……100g
水……大さじ1
水（色止め用）……大さじ1

**下準備**

- 型の内側にキッチンペーパーで薄くサラダ油（分量外）を塗っておく。
- 湯煎焼き用に、型が入るサイズのバットと熱湯（分量外）を用意しておく。
- バニラビーンズは縦半分に切って、中身を包丁の先で取り出しておく。
- オーブンを150℃に予熱しておく。

**作り方**

**1** キャラメルを作る。小鍋にグラニュー糖と水を入れ、中火にかけてときどきゆすりながら煮詰める。全体が濃いめの茶色になったら、色止め用の水を一気に入れる。

**2** キャラメルは熱いうちに型に流し入れ、型をまわしながら底に均一に広げて冷ましておく。

**3** プリン液を作る。別の鍋に牛乳とグラニュー糖を入れて火にかけ、混ぜながら沸騰直前まで温める。

**4** 大きめのボウルに卵とバニラビーンズを入れて混ぜ、**3**を少しずつ加えながら混ぜる。茶こしでこして**2**の型に流す。

**5** 型をバットにのせて、バットの1/3くらいまで熱湯を注ぎ入れる。型にアルミホイルをかぶせてバットごと天板にのせ、150℃のオーブンで60分焼く。焼き上がったら粗熱を取り、冷蔵庫で3時間以上冷やす。

**6** 冷やしたプリンのふちを軽く指でおさえ、薄いナイフを入れて型に添わせて1周させる。型の上にお皿をのせて、素早くひっくり返して型から抜く。

1

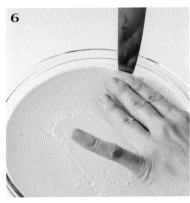

6

4

**Point**

- キャラメルに色止め用の水を入れるとき、とびはねることがあるので注意してください。
- プリン液は2回こすとよりなめらかな仕上がりになります。
- 湯煎焼きに使うバットがない場合は、天板に直接お湯をはってもOKです。
- プリンを型からはずすとキャラメルが溢れるので、大きめのお皿に出しましょう。

# 焼かないプリン ⏱15分

混ぜて冷やして固めるだけだから、好きな型を使ってお子さんと楽しく作れます。
キャラメルソースも、電子レンジで作れるかんたんなレシピを紹介します。

小麦粉なし

材料（100mℓのプリンカップ4個分）

牛乳……250mℓ
全卵……2個
上白糖……40g
粉ゼラチン……4g
バニラエッセンス……4滴

〈キャラメルソース〉
グラニュー糖……大さじ1
水……小さじ1
水（色止め用）……小さじ1

下準備

○ 粉ゼラチンは水（大さじ1）でふやかしておく。

作り方

**1** 小鍋に牛乳を入れて中火にかけ、沸騰直前まで温めて火を止める。

**2** ボウルに卵を割りほぐし、上白糖を加えてホイッパーで混ぜる。1の牛乳を少しずつ加えて混ぜる。

**3** 2を小鍋に戻し、粉ゼラチンを加えて弱火にかける。沸騰させないように1分ほど温め、ゼラチンが溶けたら茶こしでこしてバニラエッセンスを加える。

**4** 粗熱が取れたら型に流し入れて、冷蔵庫で2〜3時間ほど冷やし固める。

**5** キャラメルソースを作る。耐熱容器にグラニュー糖と水を入れて、電子レンジで1分45秒〜2分加熱する。茶色くなりはじめたら取り出して、色止め用の水を入れる。

**6** 冷やしたプリンのふちを軽く指でおさえ、型の上にお皿をのせて、素早くひっくり返して型から抜く。キャラメルソースをかけていただく。

3

5

# かぼちゃプリン ⏱20分

かんたんだけどコクがあってリッチな味わい。ちょっとした手土産としても活躍しそうです。
ラム酒やシナモンパウダーを使うと、大人も大満足のおやつに。

卵なし　小麦粉なし

### 材料（150mlのグラス4個分）

かぼちゃ……150g（ワタ・皮を除いて）
グラニュー糖……50g
牛乳……150ml
生クリーム……100ml
粉ゼラチン……3g

〈ホイップクリーム〉
生クリーム……100ml
グラニュー糖……小さじ1
ラム酒……適宜（小さじ1/2〜）

〈トッピング〉
シナモンパウダー……少々
かぼちゃの種……少々

### 下準備

○ 粉ゼラチンは水（大さじ1）でふやかしておく。

### 作り方

**1** かぼちゃの皮をむいて4cm角に切り、耐熱皿に入れてふんわりラップをかけ、電子レンジで3分加熱する。ボウルに入れ、温かいうちになめらかになるまでつぶす。

お手伝い

**2** 1にグラニュー糖を加えてホイッパーで混ぜる。牛乳と生クリームを加えてさらに混ぜる。

**3** ゼラチンを電子レンジで10〜15秒加熱し、2を大さじ1ほど加えて混ぜてから2に全量を加えてよく混ぜる。茶こしでこしながら容器に注ぎ入れて、冷蔵庫で1時間以上冷やす。

**4** ボウルにホイップクリームの材料を入れて、冷水にあてながら7分立てにする。プリンの上にのせて、シナモンパウダーとかぼちゃの種を飾る。

### Point

○ プリン液の生クリームを同量の牛乳にかえると、さっぱりとした味わいになります。

○ ゼラチンは日が経つごとに固くなるので、できあがりを早めに食べるのがオススメです。

# マンゴープリン ⏱15分

濃厚でまろやかな舌触りがたまらないマンゴープリン。マンゴーの果肉をトッピングすると、
お店のように本格的な仕上がりになります。来客のおやつでもよろこばれる一品です。

`卵なし` `小麦粉なし`

## 材料（180㎖の容器3個分）

A｜マンゴーピューレ……150g
　｜牛乳……60㎖
　｜上白糖……15g
粉ゼラチン……3g
生クリーム……100㎖
〈トッピング〉
マンゴー……適量

## 下準備

○ 粉ゼラチンは水（大さじ1）でふやかしておく。

## Point

○ トッピングのマンゴーは冷凍でもOKです。
○ ゼラチンやマンゴーの粒などが残る場合は、容器に流す前に茶こしでこすとなめらかな仕上がりに。
○ ゼラチンは日が経つごとに固くなるので、できあがりを早めに食べるのがオススメです。

## 作り方

お手伝い

1 小鍋にAと粉ゼラチンを入れ、中火にかけて混ぜながらゼラチンと砂糖を溶かす。

2 ボウルに1を移し、生クリームを加えて混ぜる。冷水にあてて粗熱を取る。

3 容器に注ぎ入れて、冷蔵庫で3時間〜半日以上冷やす。仕上げに角切りのマンゴーをのせる。

# 杏仁豆腐 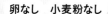 ⏱15分

<ruby>杏 仁 霜<rt>きょうにんそう</rt></ruby>とはあんずの種を粉末状にしたもので、スーパーの中華食材売り場で手に入ります。
口に入れた瞬間に広がる香りと、とろりとした口当たりは手作りならではです。

**卵なし　小麦粉なし**

## 材料（180mℓの容器2個分）

**A** | 杏仁霜……20g
　　| 上白糖……大さじ2
　　| 水……50mℓ
牛乳……200mℓ
生クリーム……50mℓ
粉ゼラチン……2g
〈トッピング〉
クコの実……8個

### 下準備

○ 粉ゼラチンは水（大さじ1）
　でふやかしておく。

### 作り方

1　小鍋に**A**を入れてよく
　混ぜ、弱火にかけて混
　ぜながら温める。とろみ
　がでてきたら牛乳を加
　えて中火で沸騰直前ま
　で温め、粉ゼラチンを
　加えて溶かす。

お手伝い

2　ボウルに**1**を移し、生ク
　リームを加えて混ぜる。
　冷水にあてて粗熱を取る。

3　容器に注ぎ入れて、冷
　蔵庫で3時間〜半日ほ
　ど冷やす。仕上げにク
　コの実をのせる。

## Point

○ トッピングのクコの実はなくてもOKです。

○ ゼラチンの粒などが残る場合は、容器に流す
　前に茶こしでこすとなめらかな仕上がりに。

○ ゼラチンは日が経つごとに固くなるので、でき
　あがりを早めに食べるのがオススメです。

# 濃厚抹茶プリン ⏱15分

抹茶の豊かな香りが楽しめる、濃厚でクリーミーな抹茶プリン。牛乳や生クリームで
まろやかに仕上げているので、子どもから大人までおいしく食べられます。

卵なし　小麦粉なし

**材料（120mlの容器3個分）**

抹茶パウダー……小さじ2
牛乳……100ml
生クリーム……100ml
上白糖……30g
粉ゼラチン……3g
〈トッピング〉
抹茶パウダー……少々
あんこ……適量

**下準備**

○粉ゼラチンは水（大さじ1）でふやかしておく。

**作り方**

お手伝い

1 小鍋に抹茶と少量の牛乳を入れて、ダマにならないようによく練り混ぜる。上白糖と残りの牛乳を加えて中火にかけながら混ぜ、粉ゼラチンを加えて溶かす。

2 ボウルに1を茶こしでこしながら移し、生クリームを加えて混ぜる。冷水にあてて粗熱を取る。

3 容器に注ぎ入れて、冷蔵庫で3時間〜半日ほど冷やす。仕上げに茶こしで抹茶を振り、あんこをのせる。

**Point**

○トッピングにホイップクリームをのせるとよりリッチな味わいに。

○ゼラチンの粒などが残る場合は、容器に流す前に茶こしでこすとなめらかな仕上がりに。

○ゼラチンは日が経つごとに固くなるので、できあがりを早めに食べるのがオススメです。

# ジュースゼリー ⏱5分

冷蔵庫にあるジュースが、おいしいゼリーに早変わり。
果汁100%のフルーツジュースやシュワシュワの
炭酸ジュースなど、お好きなもので作ってみてください！

卵なし　牛乳なし　小麦粉なし

### 材料（200mlの容器2個分）

ジュース（果汁100%のフルーツジュースなど）……300ml
上白糖……大さじ3
粉ゼラチン……5g

### 下準備

○ 粉ゼラチンは水（大さじ3）でふやかしておく。

# コーヒーゼリー ⏱10分

ほろ苦さとひんやりぷるぷるの食感を楽しめる、大人のお
やつ。コーヒーは粉から抽出したものはもちろん、手軽な
リキッドコーヒーやインスタントコーヒーでもOKです。

卵なし　小麦粉なし

### 材料（2～3人分）

コーヒー……260ml
グラニュー糖……35g
粉ゼラチン……5g

〈トッピング〉
コーヒーミルク……適量
ガムシロップ……適量

### 下準備

○ 粉ゼラチンは水（大さじ2）でふ
やかしておく。

○ コーヒーを抽出する。コーヒー
の粉（深煎り）大さじ4～5をペー
パーフィルターに入れ、お湯
300mlをゆっくりと注ぐ。

**ひんやりおやつ**

### 作り方

1 小鍋にジュースと上白糖を入れ、中火にかけ、
混ぜながら沸騰しないように温める。粉ゼ
ラチンを加えて溶かす。

2 ボウルに1を移し、表面の泡をすくい取る。
冷水にあてて粗熱を取る。

3 容器に注ぎ入れて、冷蔵庫で3時間～半日
ほど冷やす。

### Point

○ ジュースの甘さによって、上白糖の量を調節
してください。

○ ゼラチンは日が経つごとに固くなるので、で
きあがりを早めに食べるのがオススメです。

### 作り方

1 ボウルに温かいコーヒーとグラニュー糖を入れ、粉ゼラチン
を加えて溶かす。ゼラチンが溶けきらない場合は、電子レン
ジで30秒～1分加熱する。

2 冷水にあてて粗熱を取り、バットやタッパーに注ぎ入れて、
冷蔵庫で3時間～半日ほど冷やす。

3 固まったらスプーンで器に盛り、コーヒーミルクやガムシロッ
プをかける。

### Point

○ コーヒーは濃いめのリキッドコーヒーでもOKです。インスタ
ントコーヒーを使う場合は、大さじ1をお湯260mlに溶かして
ください。

○ ゼラチンは日が経つごとに固くなるので、できあがりを早めに
食べるのがオススメです。

# 目玉焼きプリン ⏱8分

見た目にびっくり！ みんなが笑顔になる目玉焼きのようなミルクプリンです。黄身のように見える
のは、缶詰の黄桃。子どもに「また作って！」と言われる、楽しくておいしいおやつです。

卵なし　小麦粉なし

材料（3〜4個分）

牛乳……200mℓ
上白糖……大さじ2
粉ゼラチン……3g
黄桃缶……1缶（3〜4個）

下準備

○ 粉ゼラチンは水（大さじ1）でふやかしておく。
○ 黄桃缶は水切りし、キッチンペーパーに並べて水気を取る。
○ 直径12cm程度のくぼみのあるお皿か、厚みのあるアルミカップを用意する。

作り方

1　小鍋に牛乳と上白糖を入れ、中火にかけて混ぜながら温める。粉ゼラチンを加えて溶かす。

お手伝い

2　ボウルに1を移し、冷水にあてて粗熱を取る。

3　お皿の真ん中に黄桃を置き、まわりにミルクプリンを薄く注ぎ入れて、冷蔵庫で3時間以上冷やす。

Point

○ ゼラチンは日が経つごとに固くなるので、できあがりを早めに食べるのがオススメです。

# フルーツボンボン ⏱15分

カラフルでコロコロとした見た目がかわいいフルーツボンボン。寒天だから冷やし固める時間が短く
すぐに食べられるのも魅力です。固まったら常温でも溶けないので、お弁当のデザートにも◎。

卵なし 牛乳なし 小麦粉なし

ひんやりおやつ

**材料（8個分）**

フルーツ……80g

**A** | ジュース（リンゴなど色が薄いもの）……200mℓ
水……100mℓ
粉寒天……4g
上白糖……50g

レモン果汁……小さじ1

**Point**

- フルーツはキウイやいちごなどお好みで。ミックスフルーツ缶でもOKです。
- レモン果汁は必ず火を止めた後に加えましょう。加熱中に加えると、寒天が固まりにくくなります。
- 寒天は常温で固まりはじめるので、ラップで包む作業は手早く1つずつするときれいに仕上がります。

**作り方**

1 フルーツはすべて1cm角に切る。

2 小鍋に**A**を入れて混ぜ、中火にかける。沸いてきたら弱火で2分煮て、粉寒天を溶かす。

3 ボウルに**2**を移し、冷水にあてて湯気が出なくなるまで粗熱を取り、レモン果汁を加える。

4 幅30cmのラップを正方形に切り、小さなカップにのせてくぼませ、フルーツ10gを入れる。これを8個作り、それぞれに**3**を注ぎ入れる。

5 ラップを持ち上げ、空気を抜きながらしっかり口をねじって輪ゴムでとめ、丸い巾着形にする。1個ずつ繰り返して、冷蔵庫で1時間以上冷やす。

**2**

お手伝い

**4**

**5**

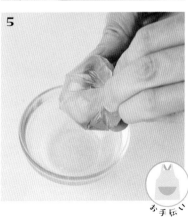

お手伝い

# いちごのババロア ⏱20分

いちごがスーパーに出まわる時期に、作ってみてほしいレシピです。いちごの甘酸っぱさと
やさしいミルクの味わいがたまらないおいしさで、いちごの時期が楽しみになります。

卵なし  小麦粉なし

## 材料（直径11×高さ5.5cmの型2個分）

**A**　いちご……200g
　　牛乳……50mℓ
　　上白糖……大さじ2
生クリーム……50mℓ
粉ゼラチン……3g

## 下準備

○ 粉ゼラチンは水（大さじ1）でふやかしておく。
○ いちごはヘタを取る。

ひんやりおやつ

## 作り方

お手伝い

1　**A**をミキサーにかけて攪拌する。

2　小鍋に1を入れて中火にかけ、ふつふつと沸いてきたら粉ゼ
ラチンを加えて溶かす。ボウルに移し、冷水にあてて粗熱を
取る。

3　別のボウルに生クリーム入れて、6分立てにする。2に少しず
つ加えながら混ぜる。型に注ぎ入れて、冷蔵庫で半日〜一晩
冷やす。

4　固まったら型をぬるま湯にさっとつけ、逆さにして型から抜く。

## Point

○ バットなどに入れて冷やし固めて、食べる分だけす
くい出しても◎。

○ ゼラチンは日が経つごとに固くなるので、できあが
りを早めに食べるのがオススメです。

○ くし切りにしたいちごをトッピングすると、より華や
かな見た目になります。

# フルーツミルク寒天 ⏱20分

やさしい味の牛乳寒天に、カラフルなフルーツを加えて見た目も楽しいおやつに。ひんやりとのどごしがよくさっぱりとした味わいで、暑い季節にぴったりです。

卵なし　小麦粉なし

### 材料（16×16cmの角型1台分）

フルーツ……250g
粉寒天……4g
水……100mℓ
上白糖……54g
牛乳……500mℓ

### 作り方

1 フルーツは1cm角にカットして、水でさっと濡らした型に広げておく。

2 小鍋に水と粉寒天を入れて、混ぜながら中火にかける。沸いてきたら弱火にして2分ほど煮る。上白糖を加えて溶かし、牛乳を少しずつ加えながら混ぜて火を止める。

3 型にそっと注ぎ入れて、冷蔵庫で1時間以上冷やす。

## Point

● フルーツはキウイやいちごなどお好みで。ミックスフルーツ缶でもOKです。
● 寒天は常温で固まりはじめるので、手早く作業しましょう。

# パンナコッタ ⏱8分

やわらかいのに濃厚な、生クリームを使ったパンナコッタ。そのままでもおいしいですが、生のフルーツやチョコレートとも相性がいいので、お好みでトッピングしてみてください。

卵なし　小麦粉なし

### 材料（100mℓの容器4個分）

A 牛乳……200mℓ 　　バニラエッセンス……少々
　コンデンスミルク……25g 　粉ゼラチン……4g
　生クリーム……100mℓ 　いちごソース（P.138）……適量
　グラニュー糖……25g

### 下準備

● 粉ゼラチンは水（大さじ1）でふやかしておく。
● いちごソースを作る（P.138参考）。

### 作り方

1 小鍋にAを入れて中火にかけ、沸いてきたら粉ゼラチンとバニラエッセンスを加える。

2 ボウルに1を茶こしでこしながら移し、氷水にあてて混ぜながらとろみがつくまで冷やす。

3 容器に注ぎ入れ、冷蔵庫で3時間以上冷やす。冷えたパンナコッタにいちごソースをかける。

## Point

● ゼラチンは日が経つごとに固くなるので、できあがりを早めに食べるのがオススメです。

# あんみつ寒天 ⏱10分

プリッとした食感がおいしい、シンプルな水寒天を作って、おうちで手軽にあんみつが楽しめます。
お好みでフルーツをトッピングしても◎。見た目が涼やかな夏のおやつです。

卵なし  牛乳なし  小麦粉なし

ひんやりおやつ

## 材料（15×13cmの型1台分）

水……350ml
粉寒天……3g
上白糖……20g
〈トッピング〉
あんこ……適量
黒みつ……適量

### 作り方

お手伝い

1 小鍋に水と粉寒天と上白糖を入れ、中火にかけて
混ぜながら、ふつふつと煮立ってから2分加熱する。

2 冷水にあてて湯気が出なくなるまで粗熱を取り、型
に流して冷蔵庫で1時間以上冷やす。

3 固まったら型から出し、包丁でさいの目に切る。容
器に盛りつけて、あんこをのせて黒みつをかける。

### Point

● 寒天は常温で固まりはじめるので、手早く作業しま
しょう。

● 型はバットやタッパーなどなんでもOKです。

# フルーツ白玉 ⏱15分

白玉粉と豆腐で作るもちもちの白玉は、見た目もかわいくて止まらないおいしさです。
ミックスフルーツ缶と合わせれば、懐かしい味わいのフルーツ白玉に。

卵なし　牛乳なし　小麦粉なし

### 材料（2〜3人分）

A｜白玉粉……100g
　｜絹豆腐……100g
　｜上白糖……小さじ2
ミックスフルーツ缶……適量

### お手伝い

### 作り方

1 ボウルにAを入れ、耳たぶくらいのやわらかさに練る。

2 食べやすい大きさに丸めて指先で少し押しつぶし、たっぷりの熱湯に入れる。

3 浮き上がってきたら1〜2分ゆでて氷水に取り、冷たくなったらザルにあげる。白玉を容器に盛りつけて、ミックスフルーツ缶をシロップごと加える。

## Point

○ ミックスフルーツ缶のシロップは、使うので捨てないようにしましょう。

# バナナジュース 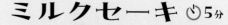⏱5分

バナナの甘さと牛乳のコクが合わさった、濃厚なジュース。
バナナの栄養をまるごととれるところもうれしいです。
お好みでレモン果汁を加えると、さっぱりとした味わいに。

**卵なし　小麦粉なし**

## ミルクセーキ ⏱5分

牛乳と卵のまろやかでやさしい甘みが特徴のミルクセーキは、
素朴でどこか懐かしい味わい。いちご、バナナ、キウイなど、
好きなフルーツを入れて作ってもおいしいです。

**小麦粉なし**

ひんやりおやつ

**材料（1〜2人分）**

熟したバナナ……中2本
牛乳……180㎖
氷……適量

**作り方**

1 すべての材料をミキサーに入れる。

2 なめらかになるまで攪拌する。

3 グラスに注ぎ入れる。

### Point

- 熟したバナナは、皮の表面の茶色い斑点（シュガースポット）が目印です。
- 冷凍したバナナを使うと、とろっとした仕上がりになります。
- ミキサーがない場合は、厚手のビニール袋にバナナをちぎり入れ、手でもんでペースト状にしてから牛乳とよく混ぜ合わせてください。

**材料（1人分）**

A｜牛乳……150㎖
　｜卵黄……1個分
　｜上白糖……大さじ1
　｜バニラエッセンス……少々
氷……適量
さくらんぼ……1個

**作り方**

1 Aをミキサーに入れる。

2 なめらかになるまで攪拌する。

3 氷を入れたグラスに注ぎ入れ、さくらんぼを飾る。

### Point

- お好みのフルーツ50gを加えてミキサーにかけると、フルーツミルクセーキに。
- ミキサーがない場合は、Aをボウルに入れてホイッパーでよく混ぜるか、ペットボトルに入れてしっかり蓋をしめてよく振ってください。

# クラッシュゼリードリンク ⏱10分

ぷるぷるの食感が楽しめるゼリードリンク。
色鮮やかなフルーツジュースで作れば、
カラフルでかわいい見た目に仕上がります。

卵なし　小麦粉なし

### 材料（グラス3個分）

**A** ｜ ジュース（色が濃いフルーツジュース）……250㎖
　　｜ 上白糖……大さじ3
粉ゼラチン……5g
牛乳……適量

### 下準備

○ 粉ゼラチンは水（大さじ3）でふやかしておく。

### 作り方

1 小鍋に**A**を入れて、中火にかけて混ぜながら温める。粉ゼラチンを加えて溶かす。

2 ボウルに**1**を移し、冷水にあてて粗熱を取る。グラスの半分より下くらいまで注ぎ入れ、冷蔵庫で3時間以上冷やす。

3 固まったらスプーンでゼリーを崩し、牛乳を入れてストローで飲む。

## Point

○ 牛乳をサイダーや炭酸水にかえてもおいしいです。
○ コーヒーゼリーや紅茶ゼリーで作ると大人の味わいに。

# カルピスクリームソーダ ⏱3分

みんな大好きなカルピスを炭酸水で割って、
アイスクリームをのせるだけで、気分が上がるおやつに。
フレーバーを変えたりして、組み合わせを楽しんで。

小麦粉なし

### 材料（1人分）

カルピス（希釈用）……大さじ4　　バニラアイスクリーム……適量
炭酸水……180㎖　　　　　　　　　さくらんぼ……1個
氷……適量　　　　　　　　　　　　ミックスフルーツ缶……適量

### 作り方

1 カルピスと炭酸水をグラスに入れ、氷を入れてやさしく混ぜる。

2 アイスクリームをディッシャーかスプーンですくい取って、上にのせる。

3 お好みでさくらんぼとミックスフルーツを飾る。

## Point

○ あっさりとした味が好きな場合は、カルピスと炭酸水の割合を1:4にしてください。

# シロップ ⏱10〜30分

さわやかなレモンシロップと、ちょっとスパイシーなジンジャーシロップのレシピです。
炭酸や水、お湯で割るだけで、かんたんにオリジナルのドリンクやゼリーが作れます。

**卵なし　牛乳なし　小麦粉なし**

ひんやりおやつ

# レモンシロップ

レモン……2個
上白糖……皮をむいたレモンと同量

**作り方**

1 レモンは皮をむき、1cmの輪切りにしてからいちょう切りにする。

2 煮沸消毒またはアルコール消毒した瓶などに、レモンと上白糖を交互に入れる。

3 1日1回瓶を振り、常温で1週間〜10日おく。上白糖がすべて溶けたら完成。

| 保存のコツ |

冷蔵庫で1年ほど保存が可能です。

# ジンジャーシロップ

材料（2人分）
しょうが……200g
水……200ml
きび砂糖……180g
はちみつ……大さじ1
シナモンスティック……1本
黒コショウ（ホール）……5粒
クローブ（ホール）……5粒

**作り方**

1 しょうがは皮をむき、薄くスライスする。

2 鍋にすべての材料を入れ、沸騰したら弱火にして20分ほど煮る。

3 煮沸消毒またはアルコール消毒した瓶などに入れる。

| 保存のコツ |

冷蔵庫で1年ほど保存が可能です。

## Point

○ シロップ大さじ2に水や炭酸、お湯を150ml注いで、手作りドリンクを作ってみましょう。

# バナナヨーグルト
# グラノーラバーアイス ⏱5分

バナナのまろやかな甘みとさわやかなヨーグルトの酸味、フルーツグラノーラの食感が楽しいアイス。
かんたんなのにとってもおいしくて、棒つきなので食べやすいです。

卵なし

ひんやりおやつ

**材料（2人分）**

バナナ……2本
プレーンヨーグルト……150g
はちみつ……大さじ1
フルーツグラノーラ……適量

- フルーツグラノーラを、シリアルやチョコチップなどにかえてもおいしいです。
- ヨーグルトがやわらかい場合は、10〜20分水切りするとバナナにつきやすくなります。

**作り方**

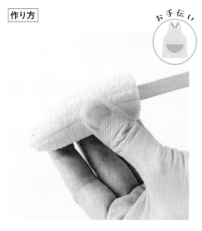

お手伝い

**1** バナナを半分に切って短めの棒を刺す。

お手伝い

**2** グラスなど深さのある容器に、ヨーグルトとはちみつを入れて混ぜ、1にまんべんなくつける。

お手伝い

**3** まわりにフルーツグラノーラをまぶす。ラップに包んで冷凍庫で2〜3時間ほど冷やす。

# パリパリチョコアイス ⏱5分

市販のバニラアイスクリームに溶かしたチョコレートをかけるだけで、ちょっととくべつな気分を味わえます。
バリバリに固まったチョコレートを、スプーンで割りながら召し上がれ。

ひんやりおやつ

**材料（1人分）**

板チョコレート……1/4枚

バニラアイスクリーム……1人分

〈トッピング〉

アラザン・カラフルシュガー・クランチなど……適量

> **Point**
>
> ● チョコレートが溶けるまで、様子を見ながら
>   15秒ずつ追加で加熱しましょう。

**作り方**

1 ボウルに板チョコレートを入れて、電子レンジで30秒加熱する。チョコレートが溶けたら、よく混ぜて粗熱を取る。

お手伝い

2 バニラアイスクリームをディッシャーかスプーンですくい取って器に盛りつけ、チョコレートをかけてトッピングを散らす。

3 チョコレートが冷えて、パリッとしたら食べごろ。

# ヨーグルトアイス ⏱5分

材料を袋に入れてもみもみするだけで、かんたんにできるヨーグルトアイス。
お子さんと一緒に作るのが楽しいです。お好みでフルーツをかえてアレンジも。

卵なし　小麦粉なし

**材料（2〜4人分）**

いちご……150g
バナナ……1本
上白糖……40g
練乳……大さじ3
プレーンヨーグルト……300g

## Point

● プレーンヨーグルトはまろやかな味
　のものを選ぶとおいしいです。

● ヨーグルトの半量を生クリームにか
　えると、さらにリッチな味わいに。

お手伝い

**作り方**

1　厚手のビニール袋に、ヘタを取って半分
　に切ったいちごとちぎったバナナを入れ、
　上白糖と練乳を加えて袋の口を閉じる。
　もみもみと指でつぶしながら混ぜる。

2　ヨーグルトを加えてさらにもみ混ぜ、袋を
　バットの上で平らにして冷凍庫に入れる。
　途中で混ぜながら3時間以上冷やす。

3　固まったら取り出して再度もみ混ぜ、ほど
　よくやわらかくなったら器に盛りつける。

# チーズケーキアイス ⏱10分

レンジでかんたんに作ったとは思えない、濃厚でリッチなチーズケーキの味わいに驚くはず。
市販のビスケットやクッキーで挟めば、片手で食べられて見た目もかわいいです。

**材料（6個分）**

クリームチーズ……100g

上白糖……大さじ3

全卵……1個

生クリーム……100㎖

レモン果汁……20㎖

四角いビスケット……12枚

**下準備**

o クリームチーズは室温においてやわらか
くしておく（急ぐ場合は電子レンジ200Wで
10〜20秒ずつ加熱する）。

**Point**

o 電子レンジの加熱は、様子を見ながら10秒ずつ調節し
ましょう。

o ビスケットは、お好みでココアクッキーやグラハムクラッ
カーにかえてもおいしいです。

o アイスは完全に固まる前にカットすると切りやすいです。

**作り方**

お手伝い

**1** ボウルにクリームチーズと上白糖
を入れて、ホイッパーですり混ぜ
る。溶いた卵、生クリーム、レモン
果汁を順に加えて混ぜる。

**2** 四角い耐熱容器にラップを敷き、
**1**を流し入れて電子レンジで2分
30秒加熱する。粗熱が取れたら
冷凍庫で30分〜1時間ほど冷や
す。

**3** **2**をビスケットのサイズに合わせ
てカットし、ビスケット2枚でサン
ドする。

**保存のコツ**

ラップで1つずつ
包み、冷凍庫で保
存します。

# リンゴのシャーベット

🕙10分

リンゴをそのまま使ってシャーベットに。
冷凍庫から出して、
少しやわらかくなったころが食べごろです。

卵なし　牛乳なし　小麦粉なし

# キューブアイス

🕙10分

製氷皿を使って作るキューブアイスは、
見た目がかわいくて食べやすいサイズ感も魅力です。
チーズとヨーグルトでミルキーな味わいに仕上げました。

卵なし　小麦粉なし

ひんやりおやつ

### 材料（4個分）

リンゴ……1個
上白糖……小さじ2
白ワイン……大さじ1

### 作り方

1　リンゴは4等分のくし切りにして芯を取る。

2　耐熱皿に皮を下にして並べ、上白糖をまぶして白ワインをかける。ラップをかけて電子レンジで3分加熱する。

3　電子レンジから取り出してそのまま冷まし、粗熱が取れたら水分を捨てて冷凍庫で1〜2時間凍らせる。冷凍庫から出して5分ほどおき、少し溶けはじめたら食べごろ。

### Point

○ 白ワインは同量の水にかえてもOKです。
○ リンゴの皮が気になる場合は、むいてから作りましょう。

### 材料（2人分）

クリームチーズ……50g
プレーンヨーグルト……120g
上白糖……大さじ2
いちごジャム……適量

### 下準備

● クリームチーズは室温においてやわらかくしておく（急ぐ場合は電子レンジ200Wで10〜20秒ずつ加熱する）。

### 作り方

1　ボウルにクリームチーズ、プレーンヨーグルト、上白糖を入れて混ぜる。

2　少量のいちごジャムを塗った製氷皿に1を注ぎ入れ、表面を平らにする。

3　冷凍庫で3時間ほど凍らせて型から抜く。

### Point

○ いちごジャムを他のジャムや生のフルーツにかえても◎。
○ 凍らせている途中に楊枝などを刺しておくと食べやすいです。

# ドライフルーツ
## ヨーグルト ⏱3分

ヨーグルトにドライフルーツを入れて一晩おくだけ。
ヨーグルトの水分を吸って
ふっくらとしたドライフルーツがやみつきに。

**卵なし　小麦粉なし**

# マシュマロ
## ヨーグルト ⏱3分

ヨーグルトにマシュマロを漬けておくだけで、
フワッと不思議な食感のおやつになります。
ヨーグルトの容器をそのまま使っても◎。

**小麦粉なし**

### 材料（作りやすい分量）
プレーンヨーグルト……450g
ドライフルーツ……適量

### 作り方
1 容器にプレーンヨーグルトとドライフルーツを入れて混ぜる。
2 冷蔵庫に入れて一晩漬けておく。

### Point
- ヨーグルトの容器に直接ドライフルーツを入れてもOKです。
- ドライフルーツは、マンゴーやクランベリーがオススメ。

### 材料（作りやすい分量）
プレーンヨーグルト……450g
マシュマロ……15個

### 作り方
1 保存容器にプレーンヨーグルトとマシュマロを入れて混ぜる。
2 冷蔵庫に入れて1時間〜一晩漬けておく。

### Point
- ヨーグルトの容器に直接マシュマロを入れてもOKです。
- 漬ける時間が短いともちふわ食感に、長いとシュワシュワのムースのようになります。
- お好みのフルーツをトッピングしてもおいしいです。

# 夢のもりもりパフェ

好きなものを好きなだけ盛ったパフェは、まさにおやつの王様。電子レンジでかんたんにできる「レンチンソース」と、この本で紹介しているおやつを組み合わせて、夢のようなパフェを作りましょう！

## レンチンソース

### キウイ

耐熱容器にひと口大に切った**キウイ120g**を入れ、**上白糖大さじ2**を加えて電子レンジで2分加熱する。フォークで果肉をつぶし、粗熱が取れたら冷蔵庫で冷やす。

### いちご

耐熱容器に**いちご120g**を入れ、**上白糖大さじ2**を加えて電子レンジで2分加熱する。フォークで果肉をつぶし、粗熱が取れたら冷蔵庫で冷やす。

### キャラメル

深めの耐熱容器に**グラニュー糖30g**と**水大さじ1**を入れて、電子レンジで2分30秒加熱する（色が薄ければ15秒ずつ追加で加熱する）。1分ほどそのままおき、**お湯大さじ1**を加えて混ぜる。

### チョコレート

耐熱容器に**板チョコレート（ビター）1枚**を割り入れて、**牛乳大さじ4**を加える。ふんわりとラップをかけて、電子レンジで1分加熱して混ぜる。再度ラップをして20秒加熱して混ぜる。

# いちごパフェ

かわいい見た目のいちごパフェ。
甘酸っぱくてすっきりとした味わいです。

# チョコバナナパフェ

濃厚なチョコレートとバナナの間違いないコンビ。
クッキーの食感もたまりません。

いちご

ヨーグルトアイス→P.133

チョコチップクッキー→P.20

バニラアイス
（市販）

バナナ

キューブアイス
→P.136

ホイップ
クリーム

ホイップクリーム

チョコレート
ムース→P.166

いちごのババロア
→P.122

ホイップ
クリーム

米粉カスタードクリーム
→P.108

**レンチンソース（いちご）**

**レンチンソース（チョコレート）**

# 和風パフェ

もちもちの白玉と濃厚な抹茶プリンがポイント。
あんみつ寒天が涼やかです。

# コーヒーパフェ

ビターなコーヒーゼリーと甘いパンナコッタの
組み合わせが絶妙な大人のパフェです。

抹茶パウダー

お米チップス→P.91

あんこ

バニラアイス
（市販）

バターシュガー
シガレット→P.35

バニラアイス
（市販）

フルーツ白玉
→P.125
※白玉のみ

濃厚抹茶プリン
→P.117

あんみつ寒天
→P.124

パンナコッタ
→P.123

コーヒーゼリー
→P.118

## レンチンソース
**（キャラメル）**

# とくべつ
## おやつ

誕生日や季節のイベントなど、
ここぞというときに
作りたいとくべつおやつ。
少し手間や時間はかかるけれど、
できあがりの達成感はひとしおです。
お子さんと一緒に作れば、
その過程も思い出になります。

# いちごのショートケーキ ⏱60分

おうちでの誕生日パーティーなど、
とっておきの日に作りたいいちごのショートケーキ。
テクニックいらずのデコレーションだから、
はじめてでもきれいに仕上がります。

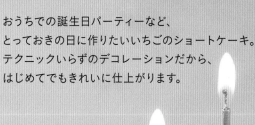

とくべつおやつ

**材料（直径15cmの丸型1台分）**

〈スポンジケーキ〉
薄力粉……65g
グラニュー糖……60g
全卵……2個
無塩バター……10g

〈シロップ〉
水……20mℓ
グラニュー糖……10g
キルシュ……適宜

〈ホイップクリーム〉
生クリーム……300mℓ
グラニュー糖……大さじ1と1/2

〈トッピング〉
粉砂糖……適量
いちご……1パック(小30個)

**下準備**

o オーブンを170℃に予熱しておく。

o 薄力粉はふるっておく。

o 型にオーブンシートを敷いておく。

o いちごは飾り用に6個残して、あとは縦半分か1/3にスライスする。

o シロップを作る。水とグラニュー糖を電子レンジで30秒加熱して、お好みでキルシュを加える。

**作り方**

1 ボウルに卵を割りほぐし、グラニュー糖を加えて湯煎しながらホイッパーで混ぜる。温度が36℃前後になったら湯煎からはずす。

2 1をハンドミキサーの高速で4分立てにする。低速にして1分間ゆっくりとキメを整え、ふるった薄力粉を加えて、ヘラで底から返すように40回ほど切り混ぜる。生地にツヤがでてきたら溶かしたバターを加えて、手早く20回ほど切り混ぜる。

3 型に流し入れ、台に2、3回打ちつけて大きな気泡を消す。170℃のオーブンで25〜30分焼く。中心に竹串を刺して生地がついてこなければ焼き上がり。すぐに型ごと持ち上げてトンと落とし、ケーキクーラーにのせ、逆さにして型から出して冷ます。

4 スポンジが冷めたら、アミの跡がついている方を上にして横半分にスライスする。シロップをスポンジの表裏と側面にハケで軽く打つ。

5 ホイップクリームを作る。ボウルにホイップクリームの材料を入れて、氷水を入れたボウルで底を冷やしながらハンドミキサーで8分立てにする。

6 台紙の上にスポンジを1枚置き、その上にホイップクリームを薄く塗る。スライスしたいちごをのせ、その上にさらにホイップクリームをのせて、いちごがうっすら隠れるようにクリームを伸ばす。

7 2枚目のスポンジを重ねて、手で軽く押さえる。残りのホイップクリームをのせて、粉砂糖を振りいちごを飾る。

# ドームケーキ ⏱60分

シンプルなショートケーキも、ドーム形になるだけでテンションアップ。
いちご以外に、キウイやバナナ、オレンジなど、いろんなフルーツを使ってもかわいいです。

**材料 (直径15cmのボウル1個分)**

スポンジケーキ (P.142)······1台

シロップ (P.142)······1台分

ホイップクリーム (P.142)······1台分

いちご······1パック(小30個)

〈トッピング〉

粉砂糖······適量

ブルーベリー······適量

ミント······適量

**下準備**

○ スポンジケーキ、シロップ、ホイップ
クリームの作り方はP.143を参照。

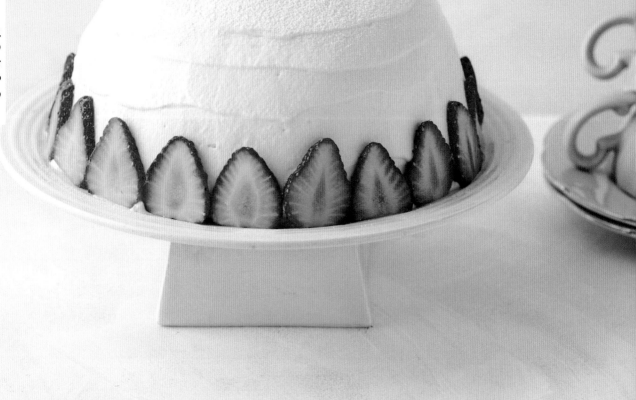

とくべつおやつ

**作り方**

1 スポンジケーキは、アミの跡がついている方を上にして上部5mm程度を切り落とし、3枚にスライスする。シロップをスポンジの表裏と側面にハケで軽く打つ。

2 1枚目のスポンジをボウルの底に敷く。2枚目のスポンジは、空いている隙間の幅に合わせてカットし、ボウルの内側をしっかり覆うように敷き詰める。

3 ボウルの底1/3にホイップクリームを敷き、ヘタを取ったいちごを入れてさらにホイップクリームをかぶせる。

4 3枚目のスポンジで蓋をし、手で軽くおさえる。ラップをしてそのまま冷蔵庫で15分以上休ませる。

5 ラップを取り、お皿にのせてひっくり返す。表面にホイップクリームを塗り、側面にいちごをスライスして並べる。トップを残りのホイップクリームといちごとブルーベリーでデコレーションし、粉砂糖を振ってミントを飾る。

## Point

- スポンジの表面はきれいにナッペしなくてもOK。ラフな感じも手作りの味です。
- フルーツはお好みでキウイやブルーベリーを加えたり、旬のものでアレンジしてみてください。
- チョコレートホイップ（P.163）で作ってもおいしいです。

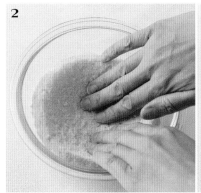

# フルーツたっぷり
# ドームゼリー ⏱10分

ぷるぷるのゼリーに包まれた、カラフルなフルーツがとても華やか。テーブルに出せば
歓声があがります。ゼリー液を作って冷やし固めるだけのお手軽さもうれしいです。

**卵なし　牛乳なし　小麦粉なし**

とくべつおやつ

フルーツ缶 (みかん、もも、パイン、さくらんぼなど)……300g

粉ゼラチン……10g

〈シロップ〉

水……200㎖

上白糖……40g

レモン果汁……大さじ1

**下準備**

○ 粉ゼラチンは水 (大さじ3) でふやかしておく。

○ シロップを作るかわりに、缶詰のシロップ200㎖を使っても OKです。

**作り方**

1 フルーツは大きければカットしてボウルに入れる。

2 別のボウルにシロップの材料を入れて電子レンジで2分加熱し、ゼラチンを加えて溶かす。

3 1のボウルに2を入れてやさしく混ぜ、ラップをして冷蔵庫で一晩冷やす。

4 湯煎にさっとあて、お皿をのせて返して型から抜く。

## Point

○ 型から抜くときに、湯煎しすぎないように注意。

○ ゼラチンは日が経つごとに固くなるので、できあがりを早めに食べるのがオススメです。

お手伝い

# ひな祭りロールケーキ ⏱40分

手土産でもよろこばれるロールケーキを、春が旬のいちごと桜の砂糖菓子でひな祭り仕様に
デコレーション。いつものおやつなら、デコレーションなしでも十分おいしくいただけます。

**材料（25×25cmの天板1枚分）**

〈生地〉
全卵……3個
グラニュー糖……90g
薄力粉……60g
牛乳……大さじ2
バター……15g

〈ホイップクリーム〉
生クリーム……200㎖
グラニュー糖……小さじ2

〈トッピング〉
いちご……適量
季節飾り……適量

- オーブンを180℃に予熱しておく。
- 天板にオーブンシートを敷いておく。
- いちごは飾り用を残して、あとは1cmの角切りにする。
- 生地の作り方は、P.143の**1〜2**を参照。

※**2**で溶かしたバターと牛乳を合わせて加える。

作り方

1 天板に生地を流し入れ、表面をカードやヘラで平らにし、天板の底をトンと叩いて空気を抜く。180℃のオーブンで10〜12分焼く。焼き上がったら、天板をトンと下に落とし、オーブンシートごとケーキクーラーにのせ表面にぴったりとラップをして冷ます。

2 ホイップクリームを作る。ボウルにホイップクリームの材料を入れ、氷水を入れたボウルで底を冷やしながらハンドミキサーで8分立てにする。

3 生地のラップとオーブンシートをはずし、茶色い部分は取り除いて巻きはじめと終わりを斜めにカットする。広げたオーブンシートの上にのせて、全体にクリームを塗る。手前に少し多めのクリームを塗り、いちごをのせる。

4 手前から、シートごと持ち上げてやさしくおさえながら奥へ巻いていく。シートごとラップで包み、冷蔵庫で冷やす。仕上げにホイップクリームを絞っていちごや季節飾りをのせる。

**Point**

- 5分ほど焼いた時点で、天板の前後を入れ替えると焼きムラが防げます。
- 生クリームは、泡立てすぎると分離するので注意しましょう。

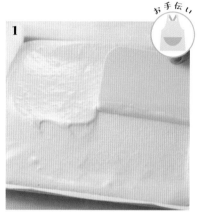

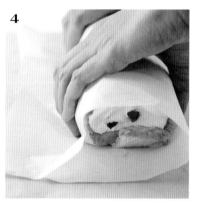

# 3色甘酒蒸しパン ⏱15分

3色だんごのような色合いがかわいい蒸しパンは、甘酒のやさしい甘みがポイント。
ふっくらもちっとした蒸し上がりの食感は、何個でも食べられそうなおいしさです。

卵なし　牛乳なし

### 材料（6個分）

ホットケーキミックス……300g
甘酒……300mℓ
食紅（赤）……適量
抹茶パウダー……適量

### 作り方

お手伝い

**1** ボウルにホットケーキミックスと甘酒を入れて、ホイッパーで混ぜる。

**2** 別のボウルを2つ用意し、1を3等分に分ける。1つには食紅を、もう1つには抹茶パウダーを加えて混ぜる。食紅と抹茶パウダーの量は、生地の色を見て調節する。

**3** カップにグラシン紙を敷き、8分目まで生地を流し入れる。蒸気の上がった蒸し器に入れ、強火で8分蒸す。竹串を刺して生地がついてこなければ蒸し上がり。

## Point

● カップはお弁当のおかずカップやマフィンカップ、シリコンカップなどなんでもOK。

● 温かいうちに食べると、ふわもち食感を楽しめます。冷めたらラップに包んで、電子レンジで20秒ほど温めてください。

● 食紅はいちごパウダーに変更してもOKです。

# 桜餅 ⏱25分

淡いピンクと葉の緑が春らしい桜餅は、おうちで意外とかんたんに作れます。
つぶつぶの餅の中にたっぷり包んだこしあんの甘さと、
塩漬けされた桜の葉のしょっぱさがたまりません。

卵なし　牛乳なし　小麦粉なし

## 材料（8個分）

道明寺粉……100g
桜の葉の塩漬け……8枚
あんこ（こしあん）……160g
A｜お湯……150mℓ
　｜上白糖……12g
　｜食紅（赤）……少々

## 下準備

○ 桜の葉は、水にくぐらせて塩抜きしておく。

○ あんこは20gずつ8個に分けて丸めておく。

## 作り方

1 ボウルに道明寺粉を入れ、Aを加えて混ぜる。ラップをして10分蒸らす。

2 濡れたふきんを敷いた蒸し器に1を広げ、蒸気が上がってから8分蒸す。蒸し上がったら粗熱を取り、手に水をつけて8等分に分ける。

3 1つずつ手のひらに広げてあんこを包み、桜の葉で巻く。

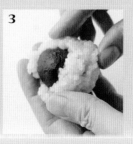

### Point

○ 淡いピンク色になるように、食紅は微量ずつ加えて色みを調節してください。

# ケーキちらし寿司 ⏱40分

お祝いごとや、人が集まるときにぴったりのちらし寿司。老若男女を問わず楽しめる、
定番の味に仕上げました。ケーキ用の丸型で抜くと華やかになり、切り分けて食べやすいです。

**牛乳なし　小麦粉なし**

**材料**（直径15～16cmの丸型1台分）

米……2合

〈寿司酢〉

**A** | 米酢……40㎖
  | 上白糖……大さじ2
  | 塩……小さじ1

〈混ぜこみ用具材〉

にんじん……40g

れんこん……30g

干ししいたけ……4～5枚

**B** | 水……100㎖
  | しいたけの戻し汁……100㎖
  | 酒……大さじ1と1/2
  | しょうゆ……大さじ1と1/2
  | 上白糖……大さじ1と1/2

〈酢れんこん〉

れんこん……50g

**C** | 上白糖……大さじ1
  | みりん……小さじ2
  | 酢……20㎖
  | 塩……少々
  | 水……40㎖
  | 昆布……適量

〈錦糸卵〉

全卵……2個

上白糖……小さじ1

塩……少々

〈トッピング〉

ゆで海老……5～6尾

絹さや……6枚

いくら……適量

桜でんぶ……適量

**下準備**

- 米はといで炊飯器の内釜に入れ、目盛りよりやや少なめの水を加えて炊飯する。
- 干ししいたけは、水につけて戻しておく（戻し汁は捨てない）。
- トッピング用の海老と筋を取った絹さやを、塩（分量外）を入れたお湯でゆでておく。
- 酢れんこんを作る。れんこんは皮をむき3㎜幅の輪切りにする。酢少々（分量外）を入れた熱湯でさっとゆでて水気を切る。鍋でCを沸かして粗熱を取り、れんこんを2～3時間漬けておく。

**作り方**

1　酢めしを作る。ボウルに炊き立てのごはんを入れて、混ぜ合わせたAを加え、しゃもじで切り混ぜる。なじんだらうちわであおいで冷まし、濡らしたふきんなどをかぶせておく。

2　混ぜこみ用具材を作る。にんじんは細切り、れんこんは薄いいちょう切りにして、酢水にさらしてからしっかりと水気を切る。干ししいたけは石づきを落として薄切りにする。

3　鍋にBを入れて火にかけ、煮立ったらにんじん、れんこん、干ししいたけを加えて煮る。5分ほど煮て水分が少なくなったら火を止め、そのままおいて味をなじませる。

4　錦糸卵を作る。計量カップに錦糸卵の材料を入れて混ぜる。フライパンに薄くサラダ油（分量外）をひいて中火で熱し、卵液の1/3を流し入れる。弱火にしてふちが乾いたら火を止め、端を菜箸にかけて裏返して焼く。残りの卵液も同様に焼き、冷めたら細切りにする。

5　1に3を入れて、しゃもじで切り混ぜる。ラップを敷いた型に敷き詰めて表面を平らにする。お皿をのせてひっくり返し、型をはずす。

6　海老は、大きければ食べやすい大きさに切る。絹さやは半分に切る。錦糸卵を全体にふんわりと散らし、桜でんぶ、ゆで海老、いくら、酢れんこん、絹さやを飾る。

3

5

**Point**

- 錦糸卵は、卵液を一度こしてから焼くと色ムラがなくきれいに焼き上がります。
- 酢めしは型抜きせずに、大きめの器や寿司桶で作ってもOKです。

# 鯉のぼりオープンサンド ⏱15分

大・中・小の鯉のぼりの親子を、手軽な食パンで作ってみました。
具材を一緒に並べたり、クリームを泡立てたり、作る工程も親子で楽しめます。

### 材料（大・中・小各1個分）

サンドイッチ用食パン……5枚
**A** ┃ 生クリーム……100mℓ
　　┃ 上白糖……大さじ1/2
マヨネーズ……大さじ1
〈トッピング〉
ゆで卵（輪切り）……6枚
きゅうり（輪切り）……9枚
いちご（スライス）……12枚
キウイ（半月切り）……8枚
バナナ（輪切り）……3枚
ブルーベリー（半分に切ったもの）……3個

### 作り方

**1** 食パンの一辺をV字にカットして、小の鯉のぼりを作る。大は小にもう1枚食パンをつなげる。中は小に半分に切った食パンをつなげる。

**2** ボウルに**A**を入れて泡立てる。

**3** 大にマヨネーズを塗る。中・小に**A**のクリームを塗る。大・中・小をカッティングボードなどに並べ、バナナとブルーベリーで目を作る。

**4** 大に輪切りのゆで卵ときゅうりを1列ずつ交互に並べる。中・小には薄くスライスしたいちご、キウイをそれぞれ並べる。

**お手伝い**

**1**
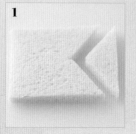

### Point

○ 味が足りない場合は、お好みではちみつやジャム、マヨネーズなどをつけてください。

# 春巻きかぶと ⏱15分

春巻きの皮で折り紙のかぶとを折って、カリッと揚げたかわいいおやつです。
かぶとの中身はリンゴジャムとシナモンパウダーで、アップルパイ風の味に仕上げました。

卵なし　牛乳なし

## Point

○ 春巻きの具材やポテトサラダを入れれば、しょっぱいおやつになります。

○ 浮いてくる部分にのり（薄力粉と水を混ぜたもの）を塗りながら折っていき、角はしっかり折り目をつけると仕上がりがきれいです。

4

**材料（4個分）**

春巻きの皮……4枚
リンゴジャム……適量
シナモンパウダー……適量
揚げ油……適量
〈のり〉
薄力粉……小さじ1
水……小さじ1

**作り方**

お手伝い

1　春巻きの皮を半分に折って三角形にし、頂点を手前にして置く。左右の角を頂点に重なるように折り、ひし形にする。

2　手前の角を左右それぞれ、奥の頂点に重なるように折る。両方の角をサイドに折り返し、かぶとの角（つの）の部分を作る。

3　手前の角を1枚取って、半分より少し下で折り上げる。底辺を半分の位置でもう一度折る。

4　リンゴジャムとシナモンパウダーを混ぜて袋状になったところに入れ、具材を包みこむように残った皮を折りこむ。同様に4個作り、170℃の油でこんがりと揚げる。

# ハロウィンおにぎり ⏱20分

こんなごはんが出てきたら、ハロウィン気分も盛り上がること間違いなしです。
かぼちゃおにぎりは、カレーをかけたり、卵を添えてオムライス風にしたりアレンジできます。

小麦粉なし

とくべつおやつ

# かぼちゃおにぎり

**材料（2個分）**

かぼちゃ……60g（ワタ・皮を除いて）
温かいごはん……200g
塩……ふたつまみ
モッツァレラチーズ（小さい丸のタイプ）……2個

**作り方**

1 かぼちゃのワタを取り除き、耐熱皿に入れてふんわりラップをかけ、電子レンジで2分加熱する。

2 かぼちゃが温かいうちに黄色い部分をスプーンで取ってボウルに入れ、なめらかになるまでつぶす。皮は目、口、鼻、ヘタの形になるように、おにぎりのサイズに合わせて切っておく。

3 2のボウルに塩と温かいごはんを加えて混ぜる。2等分にして、それぞれラップにのせてチーズを包み、巾着のようにきゅっと絞って輪ゴム3本を対角線状にかける。輪ゴムとラップをはずして、目、口、鼻、ヘタをつける。

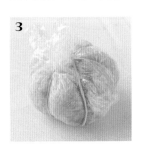

# 黒猫おにぎり

**材料（2個分）**

温かいごはん……80g
海苔……1/2枚
ふりかけ……適量
うずらの卵（ゆでたもの）……2個
スライスチーズ……適量

**作り方**

1 温かいごはんにふりかけを振って混ぜる。2等分にして、それぞれラップにのせてうずらの卵を包み、楕円に近い丸形ににぎる。

2 別のラップを2枚広げ、半分に切った海苔とラップをはずしたおにぎりをのせ、包んで海苔をなじませる。スライスチーズは猫の目と鼻の形に切り抜く。

3 おにぎりのラップを取ってのりの閉じ目を下にし、目と鼻をつける。目の中心に丸く切った海苔（分量外）をつける。耳はマスキングテープなどを三角形に切り、楊枝に貼りつけておにぎりに刺す。

**Point**

• 100円ショップなどに売っているハロウィン仕様のピックなどを使って、さらにかわいく飾ってみてください！

# かぼちゃのパウンドケーキ ⏱60分

かぼちゃの香りと甘みを感じる、ふんわりやさしい味わいのパウンドケーキ。
ハロウィン仕様にラッピングして、仮装した子どもたちにプレゼントすればきっとよろこんでくれるはず。

### 材料（8×17cmのパウンド型1台分）

かぼちゃ……100g（ワタ・皮を除いて）

無塩バター……100g

A｜ 薄力粉……120g
　　 ベーキングパウダー……4g

全卵……2個

上白糖……80g

はちみつ……10g

### 下準備

- オーブンを170℃に予熱しておく。
- 型にオーブンシートを敷いておく。
- バターは室温においてやわらかくしておく（急ぐ場合は電子レンジ200Wで10〜20秒ずつ加熱する）。

### Point

- 20分ほど焼いた時点で、天板の前後を入れ替えると焼きムラが防げます。

### 作り方

**1** かぼちゃは皮をむいて4cm角に切り、耐熱皿に並べ、ふんわりラップをして電子レンジで3分加熱する。温かいうちにつぶしてペースト状にする。

**2** ボウルにバターと上白糖を入れて、ホイッパーでクリーム状になるまですり混ぜる。溶いた卵を3回に分けて加え、その都度よく混ぜる。

**3** 2に1とはちみつを加えて混ぜる。Aの粉を合わせてふるい入れ、ヘラでさっくりと混ぜる。パウンド型に流し入れ、トントンと落として空気を抜く。

**4** 170℃のオーブンで35〜40分焼く。5〜10分ほど焼いた時点で一度取り出し、真ん中にナイフで切りこみを入れる。中心に竹串を刺して生地がついてこなければ焼き上がり。ケーキクーラーに出して冷ます。

お手伝い

# おばけ春巻き ⏱3分

ゆらゆらと漂うようなフォルムが不思議なおばけ春巻きは、ハロウィンのごはんやおやつに添えるだけで
ムードがグッと高まります。電子レンジでパッと作れるところも◎。

卵なし　牛乳なし

材料（1個分）

春巻きの皮……1枚
海苔……適量

### Point

○ 電子レンジの加熱時間は、様子を見て調節してください。

○ 器の形がおばけの頭の形になります。小さいボウル状の
器がぴったりです。

作り方

お手伝い

1 耐熱性の器に春巻きの皮を敷
き詰める。

2 春巻きの皮がパリッとするま
で、電子レンジで40秒ほど加
熱する。

3 春巻きの皮を器からはずし、
海苔で作った目と口をマヨネ
ーズ（分量外）でつける。

# サンタさんケーキ ⏱60分

家族や友達が集まるクリスマスパーティーに、かわいいサンタさんのケーキはいかがですか？
難しいテクニックは必要ないので、子どもと楽しくデコレーションできます。

スポンジケーキ（P.142）……1台
シロップ（P.142）……1台分
ホイップクリーム（P.142）……1台分
いちご……1パック（小30個）
マーブルチョコ（茶色）……2粒

**作り方**

1　スポンジケーキは、アミの跡がついている方を上にして横半分にスライスする。シロップをスポンジの表裏と側面にハケで軽く打つ。

2　台紙の上にスポンジを1枚置き、その上にホイップクリームを薄く塗る。スライスしたいちごをのせ、その上にさらにホイップクリームをのせて、いちごがうっすら隠れるようにクリームを伸ばす。2枚目のスポンジを重ねて、手で軽くおさえる。

3　ホイップクリームを絞り袋に入れ、星口金をつけてサンタさんのヒゲの部分に絞る。頭の部分は、波を描くようにラフに絞る。

4　飾り用のいちごを鼻の位置に置き、半分に切ったいちごを頭に敷き詰めて帽子に見立てる。マーブルチョコを目の位置に置き、帽子の上にホイップクリームをひと絞りする。

お手伝い

**下準備**

◦ スポンジケーキ、シロップ、ホイップクリームの作り方はP.143を参照。
◦ いちごは飾り用の1個を除いて、半量を縦半分に切り、残りをスライスする。

お手伝い

**Point**

◦ ヒゲの部分のクリームは、絞り袋を垂直に持ち、1つずつ同じ力加減で絞るときれいにできます。

# ブッシュドノエル ⏱40分

ブッシュドノエルは、フランス語で「クリスマスの切り株」という意味。その名の通り、
切り株の形と木の幹のような柄がポイントです。お好みで中にフルーツを入れてもおいしいですよ。

とくべつおやつ

162

**〈ココア生地〉**

全卵……3個

グラニュー糖……80g

A｜薄力粉……60g
　｜ココアパウダー……15g

無塩バター……15g

牛乳……20mℓ

**〈チョコレートホイップクリーム〉**

チョコレート……50g

生クリーム……200mℓ

**〈トッピング〉**

いちご……適量

ココアパウダー……適量

粉砂糖……適量

**下準備**

○ オーブンを180℃に予熱しておく。

○ 天板にオーブンシートを敷いておく。

○ バターと牛乳を合わせて、湯煎で溶かしておく。

**Point**

○ 5分ほど焼いた時点で、天板の前後を入れ替えると焼きムラが防げます。

○ チョコレートホイップクリームは分離しやすいので、泡立てすぎないように気をつけましょう。

**作り方**

1 ボウルに卵とグラニュー糖を入れて、白くもったりするまで泡立てる。Aを合わせてふるい入れ、バターと牛乳を合わせて溶かしたものをまわし入れ、手早く切り混ぜる。

2 天板に生地を流し入れ、表面をカードやヘラで平らにし、天板の底をトンと叩いて空気を抜く。180℃のオーブンで10〜12分焼く。焼き上がったら天板をトンと下に落とし、ケーキクーラーにのせて冷ます。

3 チョコレートホイップクリームを作る。ボウルにチョコレートを粗く砕いて入れ、生クリーム大さじ3を加える。湯煎しながらヘラで混ぜて溶かす。溶けたら湯煎からはずし、残りの生クリームを加え、氷水にあてながら8分立てにする。

4 生地のオーブンシートをはがし、巻きはじめと終わりを斜めにカットする。広げたオーブンシートの上にのせ、チョコレートホイップクリームを全体に塗る。

5 手前から、シートごと持ち上げてやさしくおさえながら奥へ巻いていく。シートごとラップで包み、冷蔵庫で10分冷やす。

6 ラップをはずし、切り株用に3cm程度のところで斜めにカットする。切り取った部分をのせ、表面に残りのチョコレートホイップクリームを塗る。

7 フォークで木の幹のようにランダムな模様をつける。いちごをのせたらココアパウダー、粉砂糖の順に茶こしで全体に軽く振りかけ、クリスマス用の飾りを添える。

**3**

**6**

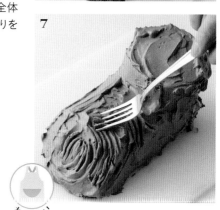

**7**

お手伝い

# プチシュータワー ⏱20分

市販のプチシューで作る、パーティーにぴったりのお手軽おやつです。
シュークリームを積んだり、フルーツで飾りつけをしたり、作る工程から盛り上がること間違いなしです。

材料（2〜4人分）

プチシュー……22〜25個

〈**ホイップクリーム**〉

生クリーム……200㎖

グラニュー糖……大さじ1

〈**トッピング**〉

ミント……適量

フルーツ……適量

粉砂糖……適量

**作り方**

**1** ホイップクリームを作る。ボウルにホイップクリームの材料を入れ、氷水を入れたボウルで底を冷やしながらハンドミキサーで8分立てにする。星口金をつけた絞り袋に入れる。

**2** お皿にホイップクリームを絞って土台を作る。タワーの一段目のプチシューをまわりに並べる。

**3** 仕上がりが円錐形になるように、プチシューに直接クリームをつけながら積んでいく。

**4** 積み上がったら、ミントとお好みのフルーツにクリームをつけて飾り、仕上げに粉砂糖を振る。

お手伝い

| Point |

- ホイップクリームはしっかりと泡立ててください。積みすぎると崩れてしまうので注意です。

# チョコレートムース ⏱15分

なめらかなチョコレートムースが、材料2つでできあがり！チョコクリームと
市販のココアクッキーで、濃厚さとザクザク食感をプラスすれば、バレンタインにもよろこばれるおやつに。

とくべつおやつ

### 材料（150mℓの容器2個分）

チョコレート……100g
生クリーム……180mℓ
〈チョコレートクリーム〉
チョコレート……20g
生クリーム……20mℓ
ラム酒……適宜
〈トッピング〉
ココアクッキー……4枚
ココアパウダー……適量

### Point

- 電子レンジの加熱時間は、様子を見て調節してください。
- 溶かしたチョコレートは、粗熱を取ってから混ぜましょう。

### 作り方

**1** ボウルにチョコレートを砕き入れて、電子レンジで1分加熱し溶かして粗熱を取る。別のボウルに生クリームを入れて、氷水にあててハンドミキサーで8分立てにする。

**2** チョコレートを溶かしたボウルにホイップクリームをひとすくい入れて混ぜてから、すべてを混ぜ合わせる。

**3** チョコレートクリームを作る。ボウルに砕いたチョコレートと生クリームを入れて、電子レンジで30秒〜1分加熱して混ぜる。お好みでラム酒を加える。

**4** 2を容器に入れて、粗熱を取ったチョコレートクリームをのせ、冷蔵庫で30分〜1時間冷やす。ココアクッキーを粗く砕いて添え、仕上げにココアパウダーを振る。

# カップガトーショコラ ⏱30分

濃厚でしっとりおいしいガトーショコラ。食べやすいマフィン型で作れば、
普段のおやつはもちろん、プレゼントにも重宝します。チョコレートはビターでもミルクでもお好きなもので。

## 材料（直径7×高さ4cmのマフィンカップ4個分）

| A | | |
|---|---|---|
| 薄力粉……30g | グラニュー糖……50g | |
| ココアパウダー……20g | 全卵……1個 | |
| ベーキングパウダー……小さじ1/2 | 生クリーム……100mℓ | |
| チョコレート……100g | 〈トッピング〉 | |
| | 粉砂糖……適量 | |

### 下準備

○ オーブンを170℃に予熱しておく。

### Point

○ 8分ほど焼いた時点で、天板の前後を入れ替えると
焼きムラが防げます。

## 作り方

1 ボウルにチョコレートを砕き入れて、電子レンジ
で1分加熱して溶かす。グラニュー糖を加えて混
ぜ、溶いた卵を加えてさらに混ぜる。

2 別のボウルに生クリームを入れて、ハンドミキサ
ーで8分立てにする。

3 1と2を合わせて混ぜ、2が混ざりきらないうちに、
Aをふるいながら加
える。ヘラでさっくり
混ぜてマフィン型に
流し入れ、170℃の
オーブンで18〜20
分焼く。仕上げに粉
砂糖を振る。

# チョコレートショートケーキ ⏱60分

チョコレート好きにはたまらない、チョコレートホイップクリームたっぷりのショートケーキ。
おうちで楽しむバレンタインに、作ってみるのはいかがでしょうか？

**材料**（直径15cmの丸型1台分）

スポンジケーキ（P.142）……1台

いちご……1パック（小30個）

〈シロップ〉

水……20mℓ

グラニュー糖……10g

ラム酒……適宜

〈チョコレートホイップクリーム〉

チョコレート……75g

生クリーム……300mℓ

〈トッピング〉

ココアパウダー……適量

粉砂糖……適量

チョコレートコポー……適量

**下準備**

● スポンジケーキの作り方はP.143を参照。

● いちごは飾り用に6個残して、あとは縦半分か1/3にスライスする。

● シロップを作る。水とグラニュー糖を電子レンジで30秒加熱して、お好みでラム酒を加える。

**作り方**

**1** スポンジケーキは、アミの跡がついている方を上にして横半分にスライスする。シロップをスポンジの表裏と側面にハケで軽く打つ。

**2** チョコレートホイップクリームを作る。ボウルにチョコレートを粗く砕いて入れ、生クリーム大さじ3を加える。湯煎しながらヘラで混ぜて溶かし、溶けたら湯煎からはずして生クリームを加え、氷水にあてながらハンドミキサーで8分立てにする。

**3** 台紙の上にスポンジを1枚置き、その上にチョコレートホイップクリームを薄く塗る。スライスしたいちごをのせ、その上にさらにクリームをのせ、いちごがうっすら隠れるように伸ばす。

**4** 2枚目のスポンジを重ねて手で軽くおさえる。残りのクリームをのせ、ヘラなどで表面をならしていちごを飾る。チョコレートコポーを散らす。ココアパウダー、粉砂糖の順に茶こしで全体に軽く振りかける。

**3**

**4**

> **Point**
>
> ● チョコレートホイップクリームは分離しやすいので、泡立てすぎないように気をつけましょう。
>
> ● 飾り用のいちごは、縦半分やスライス、くし切りをランダムにのせるとかわいいです。
>
> ● チョコレートコポーは、板チョコレートの側面をピーラーで削ったもので代用できます。

## さくいん

## ワンボウルでできる

## 150kcal以下

※数量の記載がない場合は、分量の総カロリーです。

## 井上真里恵（いのうえまりえ）

料理研究家、井上食生活デザイン主宰。フードコーディネーター・アスリートフードマイスターの資格を取得。フランス「ル・コルドンブルー」に留学後、料理研究家のアシスタントを務めたのち独立。料理指導を中心に、雑誌、広告、企業、店舗へのレシピ提案、商品開発など、食に関するさまざまな分野で活動中。一児の母として食育にも取り組み、家庭で楽しめる料理やお菓子を伝えている。著書に『アマタケサラダチキンレシピBOOK』（ポプラ社）、『きょうのおやつ』（成美堂出版）などがある。

| | |
|---|---|
| 撮影 | 山本一維 |
| スタイリング | 木村遥 |
| 本文デザイン | 髙見朋子（文京図案室） |
| カバーデザイン | 三木俊一（文京図案室） |
| 調理アシスタント | 明光玲子 |
| 編集協力／執筆協力 | 伊澤美花＋伊藤彩野（MOSH books） |
| 校閲 | 株式会社ぷれす |
| カロリー計算 | 仁和宮子 |

# 作ってあげたい
# おいしいおやつ

| | |
|---|---|
| 著　者 | 井上真里恵 |
| 発行者 | 池田士文 |
| 印刷所 | 三共グラフィック株式会社 |
| 製本所 | 三共グラフィック株式会社 |
| 発行所 | 株式会社池田書店 |
| | 〒162-0851 |
| | 東京都新宿区弁天町43番地 |
| | 電話03-3267-6821（代） |
| | FAX 03-3235-6672 |

落丁・乱丁はお取り替えいたします。
©Inoue Marie 2023,Printed in Japan
ISBN 978-4-262-13087-3

24012004